基本事例で考える
民法演習

池田清治

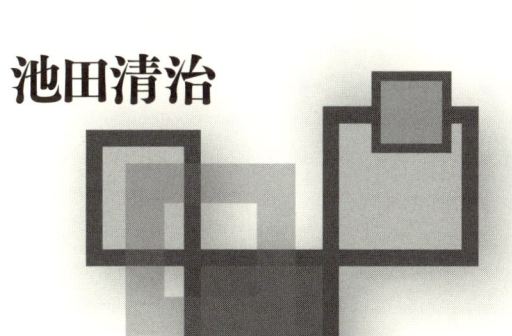

日本評論社

はしがき
——本書の目的と活用法

1　本書の目的

　本書は、現在、法学セミナーで連載中の「基本事例で考える民法演習」の第1回から第15回まで（詳しくは、初出一覧を参照）をまとめたものです。この連載では、毎回、事例問題を出題し、それについて「基礎」、「基本」から考えることを目指しており、「基礎」、「基本」を徹底し、それを「使いこなせる」ようになることが「獲得目標」とされています。つまり、「基礎」、「基本」を、①理解し、②記憶し、③応用できるようになることが目的であり、この目標は本書でも変わりありません。そして、このことを「体感」していただくため、各講では常に「基礎」、「基本」から説きはじめ、さらに思考の過程を明示することで、考え方のプロセスをトレースできるように努めています。

　また、この「獲得目標」を達成するため、本書では、基本的でありながらも、他の問題集や教科書等ではあまり見かけないような——少しひねった——問題を取り上げることにしています。なぜなら、代表的かつ典型的な問題については、読者のみなさんは往々にして既にその解答を覚えてしまっており、そのため、自分自身、本当の意味で「理解」しているのか、単に「暗記」しているにすぎないのかを自覚するのが難しいように思われるからです。

　ところで、ここでいう「代表的ないし典型的でない問題」とは、

　　(1)今まで見たことのある問題と何となく似ているが、しかし、どこか違っている問題、

　　(2)これまで全く見たことのない問題、

という2種類に大別することができます。このうち、

　まず、(1)の問題については、類似する（既知の）問題に対する基本的理解が確かなものであれば、それを目の前にある問題に適宜応用することで解決を得ることができます。ここでいう「応用」とは、2つの問題を比較対照して、その異同を確認したうえ、違いに応じた形で解決を導くことを意味します。

次に、(2)の問題については、民法全体に対する体系的理解から推論することで解決を導くことができます。ここでいう「体系的理解」とは、たとえば条文や判例理論の趣旨目的、あるいは当該法制度や関連する諸制度の趣旨や相互関係などに関する（深い）理解を意味します。

　もっとも、「基礎」、「基本」とは、③応用できるようになって、はじめて①理解したといえるものであり、単なる「丸暗記」は——本書が目指している——「理解」ではありません。そのことを実感し、そして、本当の意味での「理解」に到達していただくため、本書では、上記のとおり、他の問題集や教科書等ではあまり見かけないような——しかし、「基礎」、「基本」から考えれば、一定の帰結が導かれる——問題を検討の素材としています。

　ただし、①いくら「理解」していても、②「記憶」していなければ、結局、あまり役には立ちません。そして、②記憶するためには、繰り返し（＝忍耐力）が必要です。本書で取り上げる精選された内容の「基礎」、「基本」については、ご自身で何度も繰り返し、記憶の定着を図るようにしてください。

　なお、本書には、上記の連載に加え、3つの附録も収録しました。いずれも——かつて法学セミナーに掲載した——民法の「基礎」、「基本」に関わる解説です。民法の根本的な理解や勉強法に不安のあるみなさんは、この附録も参照するようにしてください。

2　本書の活用法

　本書の使い方は、もちろん、みなさん自身が決めるべき事柄ですが、本書をフルに活用していただくため、とりあえず次のような方法をお薦めします。

　　(a)　まず問題だけを見て（解説は読まない）、自分で問題点を抽出し、そして、(α)何を、(β)どの順序で、さらに(γ)どこに力点をおいて論じるか、を書き出してみる。そのための時間は——もちろん、問題にもよりますが——おおむね10分から15分程度を1つの目安とし、そのさい、参照するのは六法だけにする（解説だけでなく、教科書や参考文献も見ないようにする）。

　　(b)　次に教科書や参考文献を参照して、自分が見落としていた点、あるいは理解が誤っていたり不確かであった事項がないかどうかを確認す

る。（この作業によって、徹底されていなかった部分を自分自身で自覚できるはずです。）
　（c）　そして、最後に解説を読む。（これによって「基礎」、「基本」の使い方が分かり、「基礎」、「基本」に対する自分自身の「記憶」が、内容理解を伴った真の意味での「理解」であったか、単なる「丸暗記」であったかが識別できるはずです。）

　以上がお薦めの活用法ですが、この方法の核心は自分の弱点を自覚することにあります。弱点の発見なくして、その克服はありえませんが、最初から解説を読んだのでは、自分にとってどこが弱点であるかを自覚するのは困難です。
　もっとも、弱点を発見することがこの方法の核心ですから、それを可能にする別の方法があり、そして、そちらのほうがご自身の勉強スタイルに合っているのであれば、そのような方法を採っても、全く差しつかえありません。勉強のスタイルは人それぞれですので、本書の活用法は自分の好みに合わせて自由にカスタマイズしてください。

　最後に、連載の開始時から本書の完成に至るまで、法学セミナー編集長の上村真勝さんには大変お世話になりました。この場を借りて、心より御礼申し上げます。
　また、本書と同じコンセプトで執筆した演習としては、法学教室の「演習（民法）」（法学教室319-330号）と『事例で学ぶ民法演習』（成文堂、近刊予定）がありますが、これらで取り上げた問題と本書の内容とはなるべく重ならないようにしてあります。民法に対する理解を深めるためには、より多くの事例問題に取り組んだほうがよいと思いますので、──法学教室の連載は単行本化されていないため、みなさんに労を強いることになりますが──関心のあるみなさんはそちらものぞいてみてください。

目次

はしがき——本書の目的と活用法……i

第 1 講　詐欺と相続……………………………………………1
　　　　　——「無権代理と相続」と比較して

第 2 講　表見代理と詐欺………………………………………11
　　　　　——静的安全と動的安全

第 3 講　意思表示と物権変動…………………………………21
　　　　　——動産の物権変動と即時取得

第 4 講　不動産の物権変動と賃貸人の地位の移転…31
　　　　　——契約の解除と第三者

第 5 講　動産の物権変動と動産賃借権の効力…………41
　　　　　——詐欺による意思表示の取消しと契約の解除

第 6 講　不動産の物権変動と不動産賃借権の効力…52
　　　　　——二重譲渡と賃貸人の地位の移転

第 7 講　不動産の物権変動と付合……………………………62
　　　　　——請負契約における所有権帰属

第 8 講　弁済による代位と第三取得者……………………72
　　　　　——不動産登記における「公示」の意味

第 9 講	心裡留保と代理 ································· 82
	──使用利益と費用分担の帰趨を含めて（その１）

第10講	心裡留保と代理 ································· 94
	──使用利益と費用負担の帰趨を含めて（その２）

第11講	債権譲渡と保証人の地位 ·························· 105
	──弁済者の保護と求償権の成否

第12講	転貸借の法律関係 ································ 115
	──転貸人の地位の移転と費用償還請求権（その１）

第13講	転貸借の法律関係 ································ 125
	──転貸人の地位の移転と費用償還請求権（その２）

第14講	表見代理と強迫 ·································· 135
	──占有者の保護

第15講	委任の解除をめぐる法律関係 ······················ 146
	──請負の解除と比較して

附録１	民法入門 ·· 156
	──民法の意義、構造、基本原理

附録２	民法の判例とは ·································· 162
	──判例の位置づけを正確に把握する

| 附録３ | 私的自治の原則 ·································· 174 |

初出一覧 ······ 182

▶ 総則、物権

1 詐欺と相続
――「無権代理と相続」と比較して

[問題]
　Aは、時価6万円の石材（以下、「本件石材」という。）の所有者であり、もともと本件石材を売却するつもりはなかったが、Bに「石材の相場は値下がり傾向にあるので、早めに処分したほうがよい」とだまされ、Cに対して本件石材を3万円で売却する契約を締結した。しかし、その後も石材の相場は下落していない。
　以上の事案について、次の小問に答えよ。なお、各小問は独立した問いである。

1　Cは、BがAをだましたことを知らなかったが、BとCが親子であったため、次のような事態が発生した。
　(1)　Cが死亡し、BがCの法的地位を単独で相続した。この場合、BはAに対して本件石材の引渡しを請求することができるか。
　(2)　Bが死亡し、CがBの法的地位を単独で相続した。この場合、CはAに対して本件石材の引渡しを請求することができるか。
2　Cは、BがAをだましたことを最初から知っていた。しかし、AがBにだまされたことに気づく前に、CはAから本件石材の引渡しを受け、それをDに転売して引き渡し、AがBにだまされたことに気づいた時点では、既にDは本件石材に彫刻をほどこし、時価50万円の石仏（以下、「本件石仏」という。）に仕上げていた。
　以上の事実関係のもと、AはCに対する意思表示を取り消し、Dに対して本件石仏の引渡しを請求しているが、Dとしては、本件石仏の所有者は自分（＝D）であると主張したい。Dの主張の根拠となりうる法律構成を複数挙げたうえ、特にそれらの要件について比較しなさ

い。(なお、BC 間に親族関係はないものとする。)

■ 小問 1 について〔基礎編〕

　小問 1 では、A に対する石材の引渡請求について、BC 間で相続が生じた場合の帰趨が問われている。しかし、この問題にアプローチするには、まず相続が開始する前の当事者間の法律関係を確認しておく必要がある。そこで、まず——BC 間の法律関係を含め——そのような基本的事項を確認しておこう。

　A は、B の欺罔行為によって意思表示をしているから、詐欺を理由に意思表示を取り消すことが考えられる（96 条 1 項）。そのための要件は、①（違法な）欺罔行為の存在、②欺罔者にだます意図と意思表示をさせる意図があること（いわゆる二重の故意）、③欺罔行為によって当該意思表示がされたという——欺罔行為と意思表示との間の——因果関係、の 3 つである。そして、本問の場合、B は A をだましているから、要件①は満たされ、また同じ理由から欺罔の意図が肯定されるとともに、B の「早めに処分したほうがよい」との発言から、意思表示をさせる意図も認められるので、要件②も満たされている。加えて、A には「もともと本件石材を売るつもりはなかった」のであるから、欺罔行為と意思表示との因果関係（要件③）も肯定され、結局、96 条 1 項の要件はすべて満たされている。したがって、一見、A は C に対する意思表示を取り消せるかのようである。

　ところが、A をだましたのは——意思表示の相手方である C ではなく——第三者たる B である。そして、C は A が B にだまされたことを知らなかったのであるから、A は C に対する意思表示を取り消すことができない（96 条 2 項の反対解釈）。そして、AC 間では本件石材について売買契約が締結されているから、結局、C は A に対して石材の引渡しを請求できることになる。

　なお、この場合、A は、B の欺罔行為によって、時価 6 万円の本件石材を C に対して 3 万円で売却しているから、不法行為に基づき B に対してその差額である 3 万円の損害賠償を請求することができる（709 条）。他方、B の違法行為は——C に対してではなく——A に対してされたものであり、かつ、A が C に

対する意思表示を取り消すことができない以上、Cに損害は発生していないから、BC間で責任関係が生じることはない。

■ 小問1⑴について

上記のような法律関係のもとで、BがCの法的地位を単独相続したとすると、Bは、一方でAに対して石材の引渡しを請求することができるが、他方で、Aに対して損害賠償責任を負うことになる。しかし、問題は実際に詐欺を行ったBによる引渡請求を認めてよいかどうかである。そして、ここで参考となるのが、「無権代理と相続」という問題のうち、本人が死亡し、無権代理人が本人の法的地位を相続したケースである。

このような事案につき、最判昭和40・6・18民集19巻4号986頁は、無権代理人には本人が自ら法律行為をしたのと同様な法律上の地位が生じるとし、また学説の多くも——相手方から契約の履行を求められた場合——無権代理人が本人の地位を相続したことを理由に追認を拒絶することは許されないとしている。その結果、あたかも追認がされたかのような状態となり、相手方は——本人を相続した——無権代理人に対して契約の履行を求めることができる（履行請求の根拠は、無権代理人の責任〔117条1項〕ではなく、追認拒絶ができない結果、追認類似の状況が生じることに求められる）。そして、この事例と類比して考えるなら、本問において、BのAに対する引渡請求は信義に反し、認められないようにも思われる。

しかし、上記の判例は、本人が無権代理行為について追認も追認拒絶もしないうちに死亡し、無権代理人が本人を相続した事案に関するものである。これに対して、本人が無権代理行為の追認を拒絶した後に死亡し、無権代理人が本人を相続した事案につき、最判平成10・7・17民集52巻5号1296頁は、本人によって追認拒絶がされた時点で、無権代理行為の効果は本人に及ばないことが確定しているから、その後、無権代理人が本人を相続しても、無権代理行為が有効となることはない、とした。すると、本問においても、CはAがBにだまされたことを知らずに、Aと売買契約を締結しており、その時点でAC間の契約が有効であることは確定しているから、やはりBはAに対して本件石材の引

渡しを請求できることになりそうである（無権代理においては、本人に追認ないし追認拒絶をする自由があるため、不確定な法的状態が生ずるが、本問の場合には、そのような事態は生じていない）。

　もっとも、この最判平成10年には有力な批判がある。つまり、これでは無権代理をした当の本人が追認拒絶の効果を享受できることとなり、バランスを失するというのである。そして、もしこの批判説に基づいて考えるなら、本問においても、詐欺を行った当の本人であるBによる引渡請求を認めることは信義則に反し、是認できないこととなろう。ただし、この考え方に対しては、もし本問でCが死亡していなかったとすると、AはCの引渡請求を拒めないはずであり、であるなら、Cの死亡という偶発的な事情によって当事者間の法律関係が変わるのは奇妙であるとか、Bの信義に反する行為は不法行為（709条）として処理すれば足りるといった反論が提起されよう。

　以上のように、Bによる引渡請求の可否については、最判平成10年に対する賛否が別れていることからも分かるように、考え方は分かれるように思われる。しかし、そのような問題においてとりわけ重要なのは、結論そのものではなく、考え方の道筋、すなわち、本問に則していえば、無権代理人が本人を相続した事案と比較対照しながら、一方における解決方法とその理由を探ったうえ、2つの事案の異同について検討し、このような分析を通じてある一定の考え方を導く、という思考方法である。そして、これが——本書が目的としている——「基礎」、「基本」を「使いこなす」ことでもある。

■ 小問1(2)について

　次にBが死亡し、CがBの法的地位を単独相続した事案に移ろう。ここでのポイントも「無権代理と相続」との比較対照である。

　CがBの法的地位を単独相続した場合、一方でCは自身の地位に基づきAに対して引渡しを請求できるが、他方で、BのAに対する損害賠償責任を相続することになる。しかし、詐欺を行ったBを相続したCがAに対して引渡しを求めることは信義に反しないのだろうか。これは「無権代理と相続」という問題のうち、無権代理人が死亡し、本人が無権代理人を相続したケースに類似して

いる。

　このような事案につき、最判昭和37・4・20民集16巻4号955頁は、相続人である本人が被相続人の無権代理行為の追認を拒絶しても信義に反しないから、被相続人の無権代理行為は本人の相続により当然に有効になるものではない、とした。そして、この判決から推論するなら、本問でも、本来、CはAに対して本件石材の引渡しを請求できたはずであり、また詐欺を行ったのはBであって、Cではないから、Cの引渡請求が否定されることはないことになろう。他方、Aとしても、もしBが死亡しなかったとすると、Cからの引渡請求を拒むことはできず、Bに対して損害賠償責任を追及するほかないから、このような結論を甘受せざるをえないといえよう。もっとも、Aとしては、Bを相続したCに対して不法行為責任を追及することができる。

■ 小問 2 について

　ここでも、まず原則の確認からはじめよう。
　小問1と異なり、小問2では、CはAと契約を締結した時点で、BがAをだましたことを既に知っていた。したがって、AはCに対する意思表示を取り消すことができ（96条1-2項）、この取消しには遡及効があるから（121条本文）、Cは本件石材の所有権を最初から取得しなかったことになり、すると、これをCから買ったDも本件石材の所有権を取得しなかったことになる。よって、Aが本件石材の所有者であり、本件石仏は本件石材が形を変えたものであるから、本来、AはDに対して本件石仏の引渡しを請求できるはずである（加工については、後述する）。
　では、Dが本件石仏の引渡しを拒むための法律構成は考えられないであろうか。Dが本件石材に彫刻をほどこして、本件石仏を仕上げていることをも勘案するなら、Dとしては、
　［1］そもそも本件石材の所有権を取得したと主張する方法、及び、
　［2］本件石材の所有権は取得していないが、本件石仏の所有権は取得したと主張する方法
が考えられる。以下では、この順序で検討していこう。

[1] その1：96条3項について

　Dが本件石材の所有権を取得するための法律構成として、第1に考えられるのは、Dが96条3項にいう「善意の第三者」に当たるとする方法である。すなわち、上記のとおり、詐欺による取消しには遡及効が認められるが、これを貫徹すると、第三者は保護されないことになる。しかし、強迫による意思表示の場合と異なり、詐欺による意思表示にあっては、だまされた表意者にも落ち度があり、すると、第三者を全く保護しないのはバランスを失する。そこで、96条3項は、第三者が善意である場合には、表意者は第三者に対して取消しの効果を主張できないとすることで、第三者の保護を図っている。そして、同項は第三者を取消しの「遡及効」から保護することを目的としているので、①第三者とは、表意者が意思表示を取り消す前に、その意思表示の存在を前提として法律関係に入った者を指し（いわゆる「取消し前の第三者」）、かつ、②その第三者は善意でなければならない、とされる。しかるに、本問の場合、①DはAが自身の意思表示を取り消す前に、Aの相手方であるCとの取引関係に入った者であるから、「取消し前の第三者」に当たり、すると、②DがBの詐欺を知らなかったときには、Dは96条3項にいう「善意の第三者」とされるから、AはDに対して意思表示の取消しを主張することができず、その結果、Dは——確定的に——本件石材の所有権を取得することになる。そして、本件石材がDの所有物であるなら、当然、本件石仏もDの所有物であり、Aの引渡請求は根拠を欠くことになる。

　もっとも、96条3項にいう「善意の第三者」については、その意義をめぐって若干の議論がある。本問に関係する範囲で、簡単に説明しておこう。

　第1に、第三者の主観的要件に関して、条文の文言のとおり、「善意」で足りるのか、「善意無過失」まで要求されるかについて議論がある。無過失まで要求した最上級審判決は見当たらないが、近時の学説においては、無過失まで要求する見解も多い。そして、いずれの見解を採るかによって、本問でDに対して要求される主観的要件も異なってくる。

　第2に、第三者における対抗要件の具備の要否についても、考え方が分かれている。確かに条文上、第三者が対抗要件を具備していることは要件とされておらず、最判昭和49・9・26民集28巻6号1213頁も登記の具備を要求していな

い（ただし、農地の売買について、仮登記がされていた例である）。しかし、いわゆる対抗問題でないことは十分自覚しつつも、詐欺の被害者（＝表意者）の犠牲において、第三者を保護する以上、第三者としても自らの権利確保のためにすべきことをしておくべきである等との理由から、第三者に対抗要件の具備を求める見解も有力である。とはいえ、本問の場合、本件石材は動産であるから、その対抗要件は引渡しであり（178条）、そして、DはCから本件石材について現実の引渡し（182条1項）を受けているので、対抗要件は備えられていることになる。したがって、対抗要件の要否について、いずれの見解を採ったとしても、本問に関する限り、事案の解決に違いは出てこない。

[1]　その2：即時取得（192条）について

　所有者でない者から動産を買っても、原則として、買主が目的物の所有権を取得することはないが、動産取引における流通の安全を図るため、その例外として、即時取得制度が認められている。そして、その要件は、①目的物が動産であること、②前主に処分権限はないが、目的物を占有していること、③前主と取得者との間に有効な取引行為が存在すること、④取得者が平穏に、かつ公然と目的物の占有を始めたこと、⑤取得者が善意かつ無過失であること、の5つである（これらの要件の挙げ方にはいくつかの方法があり、特に要件事実論の観点からは再整理が必要であるが、それは「基礎」、「基本」を習得したうえですべき「一歩先にある」事柄である）。

　ところで、本問においては、DがCと売買契約を締結して本件石材の引渡しを受けた時点では、まだAは自身の意思表示を取り消しておらず、そして、取り消しうる意思表示も取り消されるまでは一応有効であるから、その時点での本件石材の所有者はCであり、すると、上記②の要件が満たされていないように見える。すると、即時取得は成立しないことになるが、その後のAの取消しにより、結果として、Dは無権利者であるCから本件石材を買ったことになるから、動産取引の安全を図るなら、このような場合にも、即時取得（192条）を（類推）適用すべきこととなろう。

　もっとも、即時取得が通常想定している状況とは若干異なっているので、上記の要件を多少修正する必要がある。たとえば上記の要件⑤は、そもそも前主

に所有権がないという典型例において、取得者が前主を所有者と信じ（善意）、かつ、そのように信じたことに過失がないこと（無過失）を意味するが、本問の場合、ＤがＣと取引をした時点では、Ｃは真正な所有者だったのであり、すると、この要件を典型例と同じ意味に解した場合、この要件はそもそも意味をなさず、機能しないことになる。そして他方で、もしＤがＢの詐欺を知っていた場合には、あえてＤを保護する必要がないことから考えると、要件⑤の善意無過失の対象は、ＤがＢの詐欺を知らず、かつ、知らないことに過失がない、との意義に解するのが適切であろう。すると、やはりここでもＤの主観的態様が問われることになる。

なお、要件④の「占有を始めた」の意義をめぐっては、占有改定（183条）がこれに当たるか否かについて周知の議論があるが、上述のとおり、ＤはＣから現実の引渡し（182条1項）を受けているから、いずれにせよ、この要件は満たされていることになる。

[2] 加工（246条1項）について

上記のとおり、Ｄについて96条3項ないし即時取得（192条）が成立しない限り、本件石材の所有権はＡに帰属する。そして、本件石仏は本件石材に彫刻をほどこしたものなので、本来、ＡのＤに対する本件石仏の返還請求は認められるはずである。なぜなら、加工物の所有権は原則として材料の所有者に帰属するからである（246条1項本文）。

しかし、本問の場合、石材の価格が6万円であるのに対し、石仏の価格は50万円になっている。すると、工作によって生じた価格が材料の価格を著しく超えているといえるから、本件石仏の所有権はＤに帰属し（246条1項ただし書）、ＡのＤに対する引渡請求は認められないこととなる。

ところで、加工については、次の3点に注意する必要がある。

第1に、96条3項ないし即時取得における所有権取得の対象が本件石材であるのに対し、加工における対象は本件石仏である。

第2に、加工の場合、96条3項や即時取得と異なり、Ｄの主観的態様が問われることはない。つまり、Ｄはたとえ悪意でも（＝ＡがＢにだまされたことを知っていたとしても）、本件石仏の所有権を取得することができる。もっとも、学

説のなかには、加工者が悪意のときは、加工者による所有権取得を否定する見解も少数ながら存在し（ただし、これは246条1項ただし書の文言に反する解釈である）、また学問的にいうなら、これは不法行為における規範的損害概念や悪意の侵害不当利得における制裁としての利益剥奪、あるいは準事務管理とも通底する興味深い問題であるが、しかし、──学習のレベルにおける──「基礎」、「基本」ではない。

　第3に、Dによる所有権取得が認められ、Aの引渡請求が認められない点では、加工による問題解決は96条3項ないし即時取得の場合と同じであるが、AがDに対して償金請求をすることができる（248条）点で、上記の2つとは異なっている。Dが本件石仏を保持し続けることができるという意味で、確かに加工も取引安全に資する制度といえるが、加工者に主観的要件が求められていないため、保護の度合は弱められているのである。

[3]　まとめ：96条3項、即時取得、加工の比較対照

　まず96条3項は、判例理論によれば、第三者は善意で足り、対抗要件の具備も要求されないから、即時取得に比べ、無過失を求められず、引渡しも不要とされる点で、第三者にとって有利である。もっとも、有力説は、96条3項の第三者についても、善意無過失であることと対抗要件の具備を要求しているから、これらの要件は即時取得の要件と接近してくる。しかし、即時取得においては、占有改定は「占有を始めた」（192条）に当たらないとされているのに対して、動産物権変動における対抗要件のレベルでは、占有改定も引渡し（178条）に含まれるとされているから、やはりこの点では違いが残り、96条3項のほうが即時取得よりも要件は緩やかである。加えて即時取得は動産に対してのみ適用されるのに対して、96条3項にそのような制限はないから、一般論としても96条3項のほうが即時取得よりも第三者にとって有利な制度であることになる。これは、96条3項にあっては、表意者にもだまされたという落ち度があるのに対して、即時取得の場合には、真の所有者にそのような落ち度がなかったとしても、所有権を失なわせてしまう制度であるため、取得者の側の要件が加重されているからである（もっとも、真の所有者に全く責められるべき点がなかったり、あるいはそれが微弱であるときには、真の所有者を保護するため、即時取得の成

立は一定期間猶予される。193条参照）。

　このように見てくると、一見、即時取得制度には実益がないようにも思えるが、それはあくまで96条3項との対比においてであり、たとえば本問で、BがAを——だますのではなく——強迫して、Cとの契約を締結させた場合には、AはCの善意悪意を問わず、Cに対する意思表示を取り消すことができ（96条1項）、またDに対する関係でも、Dの主観的態様を問うことなく、取消しの遡及効に基づき本件石材の所有権が自身（＝A）に帰属すると主張できるはずである（96条3項の対象は詐欺取消しだけである）。しかし、この場合にも即時取得は（類推）適用されるから、DはAに対して192条に基づく所有権取得を主張することができ、したがって、本問と類似する事案にあっても、即時取得制度には実益があることになる。

　これらに対して、加工には、96条3項や即時取得と異なり、加工者の主観的態様が問われることがないという——加工者にとっての——メリットがあり、他方、材料提供者の償金請求に応じなければならないというデメリットもある。

▶総則

2 表見代理と詐欺
――静的安全と動的安全

[問題]
　Aはよる年波から、自己所有の土地（以下、「本件土地」という。）について相続税のことが気になっていた。Aの息子であるBは、某法科大学院で民法を教えていたが、浪費癖のため、借金取りに追われていた。そこで、Bは本件土地を売却し、その代金を借金の穴埋めに充てようと考え、本件土地の登記名義がAの単独所有になっていることに目をつけ、父であるAに対して「夫婦の共有財産なのだから、母との共有名義にすべきである。男女平等を旨とし、日々民法の授業に精励しているのに、その親がこれでは恥ずかしい」とか、「そうしたほうが相続税の面でも有利である」などとでたらめを並べ立て、Aに登記簿上の所有名義を変更するように勧めた。前者の理由はともかく、後者の理由が気になったAは、「司法書士に頼まず、自分（＝B）で登記手続をするから、費用も安くすむ」とのBの説明を信じ、Bに対して登記手続を依頼する旨の委任状、登記関係書類、実印等を渡した。ところが、Bはこの委任状を本件土地の売却を依頼する旨の委任状に勝手に改ざんしたうえ、これをCに示し、Aの代理人と称して、本件土地をCに売却し、Cから受領した代金を自分（＝B）の借金の返済に充ててしまった。

1　(1)　Cは、Aに対して、Bの締結した契約を履行せよと請求することができるか。
　(2)　Aが上記の事情に気づいたとき、Cは既に本件土地をDに転売し、登記名義もAからCへ、さらにCからDへ移転していた、とする。この場合、AはDに対して登記名義を自己（＝A）名義に戻すよう請求することができるか。

2 上記のようなだまし方では、用心深いAに見破られると踏んだBが、Aに対して「民法のゼミで学生に実物を見せたいので、登記関係書類と実印を貸してほしい」と頼んだところ、さしものAもこれにはだまされ、息子の教育活動に役に立つならと思い、登記関係書類と実印をBに渡し、Bはその実印を利用してAの委任状を偽造したうえ、これをCに示し、Aの代理人と称して本件土地をCに売却した、とする。この場合、CはAに対して、Bの締結した契約を履行せよと請求することができるか。

■ 小問1(1)について〔基礎編〕

　CがAに対してBの締結した契約の履行（本件土地の引渡しや登記名義の移転）を求めることができるか否かは、契約の効果がAに帰属するかどうかによる。そして、本問の場合、AはBに本件土地を売却する代理権を与えていないので、原則として、Bの行為の効果はAに帰属せず（113条1項）、よって、CはAに対して契約の履行を求めることはできない。

　しかし、表見代理が成立するなら、AはCに対してBのした行為について責任を負うことになる。そこで、以下では表見代理の成否について検討する。

　まず「代理権授与の表示による表見代理」（109条）は成立するか。確かにBはCに「Bに本件土地を売却する代理権を与える」旨のAの委任状を呈示している。そのため、Aは——本件土地を売却する代理権など与えていないのに——Bにそのような代理権を与えた旨をCに対して表示したかのように見える。しかし、AがBに交付したのは本件土地の登記手続（のみ）を依頼する委任状であり、委任事項欄を勝手に改ざんしたのはBである。すると、この記載はBの表示ではあっても、Aの表示ではない。よって、109条は成立しない。

　もっとも、本問と異なり、AがBに登記手続（のみ）を依頼したさい、Bに白紙委任状を交付し、Bがこれを濫用して委任事項欄に「Bに本件土地を売却する代理権を与える」旨を書き入れた場合、このBのした記入はAの表示と評価され、109条の成立が認められる（最判昭和39・5・23民集18巻4号621頁。もっ

とも、同判決は、転得者が白紙委任状を濫用した事案につき、109条の成立を否定したものである）。白紙委任状の場合には、本人は交付をした相手による補充を認めていたと解することもできるから、少なくとも直接交付を受けた者のした補充は本人の表示と評価されてもよいが、本問のように、A自身が委任事項を記載していたとき、Bのした改ざんをAの表示と評価することはできない。

　次に——順序は条文と逆になるが——「代理権消滅後の表見代理」（112条）は成立するだろうか。同条が成立するには、かつてAがBに本件土地を売却する代理権を与えていたことが要件とされるが、本問からそのような事情は読み取れない。したがって、112条も成立しない。もっとも、AがBに——本件土地そのものではなくても——かつて不動産取引をする代理権を与えていたなら、112条（あるいは112条と110条の重畳的適用）が成立する余地がある。しかし、本問からはそのような事情を読み取ることもできない。

　では、「権限外の行為の表見代理」（110条）は成立するだろうか。同条では「代理人が」とされているから、Bに何らかの代理権、すなわち、「基本代理権」があることが要件となる。

　ところで、民法でいう代理権とは、本人に代わって意思表示をする（あるいは意思表示を受領する）権限のことを指す（99条）。いわゆる私法上の代理権である。しかし、本問でAがBに依頼したのは登記手続（＝登記申請行為）という公法上の行為であり、これは民法の想定する代理権ではない。しかし、判例は「登記申請行為が〔中略〕私法上の契約による義務の履行のためになされるものであるときは、その権限を基本代理権として、〔中略〕民法110条を適用し、表見代理の成立を認めることを妨げないものと解するのが相当である」とする（最判昭和46・6・3民集25巻4号455頁）。つまり、公法上の行為を依頼したときにも、110条との関係では、基本代理権として認められることがあるのである。

　もっとも、最判昭和46年は、本人が贈与契約を履行するために、代理人に登記手続を依頼した事案であり、そのため、上記のように「私法上の契約による義務履行のために」との判示がされている。これに対して、本問の場合、AがBに登記手続を依頼したのは、本件土地の所有名義を妻との共有名義にするためであり、私法上の契約に基づくものではない。したがって、基本代理権は認められないとの考え方も十分に成り立ちうる。しかし、一般的にいって、登記

2　表見代理と詐欺　　13

とは取引をするさいの前提となり、また取引の履行行為の一環をなすものであること、さらに110条が基本代理権を要求したのは本人への帰責の要素に着目したものであるが、そうであるなら、登記という重要事項を依頼するのは通常の代理権授与と比肩しうるものであることを考えると、本問の場合にも、基本代理権を認めるとの立場も十分にありうるように思われる。そこで、以下ではこの立場を前提に、検討を進めることにする。

次に110条が成立するには、基本代理権のほか、Bに売却の代理権があるとCが信ずべき「正当な理由」のあることも要件とされる。この要件は、Cの善意無過失（Bに代理権があると信じ、かつ、信じたことに過失がないこと）と言い換えられることもある。そして、本問の場合、BはAの息子であり、登記関係書類や実印等の持ち出しが比較的容易であるから、Bがこれらを持っていたとしても、直ちに「正当な理由」があるとはいえないが、他方、Bの職業から考えてAがBを代理人にしても不自然ではなく、結局、本問の事情だけから、「正当な理由」の存否を一義的に判断するのは困難である。

■ 小問1(2)について〔応用編〕

本問の場合、110条が成立すると考えたとしても、CがAに契約の履行を求めるには、なお次の3つのハードルがある。順に見ていこう。

第1に、Bは当初から売買代金を自身の借金の穴埋めにしようと考え、Cと契約を結んでいる。この場合、もしBに本当に代理権があったとすると、「代理権の濫用」問題となり、判例によれば、Bの行為の効果は原則としてAに帰属するが、CがBの意図を知り、ないし、知りうるときは、93条ただし書の類推適用により、Aは自身への効果帰属を拒むことができるとされる（最判昭和42・4・20民集21巻3号697頁）。この「代理権の濫用」法理は有権代理を想定したものであり、通常──表見代理を含め──無権代理は想定されていない。しかし、Bに代理権がある場合にさえ、CがBの意図を知り、ないし、知りうるときは、CはAに契約の履行を請求できないのであるから、Bに代理権がなく、ただ、表見代理が成立する結果として、Aに履行請求できるにすぎないCをより強く保護すべき理由はない。したがって、CがBに売却の代理権がある

と信じ、かつ、信じたことに過失がなくても、CがBの代金着服の意図を知り、ないし、知りうる場合には、AはCに対してBの行為の自身（＝A）への効果帰属を拒むことができることになる。

　第2に、本問において、AがBに登記手続を依頼したのはBにだまされたためであるから、Aは詐欺を理由に、Bに対する意思表示を取り消すことができる（96条1項）。そして、取消しには遡及効があるので（121条本文）、AはBに最初から登記手続を依頼しなかったことになり、すると、登記手続の依頼が基本代理権に当たると解したとしても、その基本代理権が遡及的に消滅する結果、110条は成立しないことになる。

　もっとも、96条3項により、Cが保護される可能性はある。なぜなら、96条3項にいう「第三者」とは、表意者による意思表示の存在を前提に、意思表示の取消し前に利害関係に入った者を指すが、本問におけるCは、AがBに代理権を与えたことを前提に、Aがその意思表示を取り消す前に、代理人であるBと契約を締結した者（＝「第三者」）だからである。すると、BがAをだましたことをCが知らなかった場合、Aは――Cとの関係では――基本代理権の（遡及的な）消滅を主張することができず、110条が成立しうることになる。

　なお、この点については、96条3項ではなく、112条による法律構成も考えられうる。112条にいう「代理権の消滅」には、取消しを理由とする遡及的な消滅も含まれ、Cが善意無過失なら、Aは基本代理権の消滅をCに対して主張できない、とするのである。すると、本問は、結果として110条と112条の重畳的な適用によって解決されることになる。

　しかし、この構成は難点がある。そもそも112条は、その沿革からして、いったん存在した代理権が消滅した場合を想定した規定であり、代理権が遡及的に消滅した事案は対象としていない。またこの構成を採るなら、詐欺のみならず、BがAを強迫して基本代理権を授与させた場合にも、112条により、AはCに意思表示の取消しを主張できなくなるが、これでは、①BがAに「本件土地を自分（＝B）に売却せよ」と強迫し、その後、BがCに本件土地を転売した場合には、Cが取消し前の第三者なら、善意悪意を問うことなく、AはCに取消しの遡及効を主張できるのに対し、②BがAに「本件土地を売却する代理権を自分（＝B）に与えよ」と強迫し、その後、BがAの代理人として本件土

地をCに売却した場合、Cが善意なら、AはCに契約を履行しなければならず、アンバランスな解決となる。これに対して、96条3項によるなら、このような不均衡がないばかりか、③AがBにだまされ、Cに対して意思表示をした場合、AがCに対する意思表示を取り消しうるかどうかはCの善意悪意により（96条2項）、④またAがBにだまされ、Bに代理権を授与した場合も、意思表示の取消しをCに主張できるか否かはCの善意悪意によることになるから（96条3項）、全体として整合的な解決を導くことができる。

　第3に、CがAに契約の履行を求めるには、通常、Cが自身の債務を履行している必要がある。なぜなら、確かに110条が準用する109条は卒然と「〔本人は〕その責任を負う」と規定し、本人の責任のみ定めているが、有権代理の場合には本人は相手方に契約の履行を求めることができ、すると、表見代理の場合もこの点は同様で、本問に則していえば、AはCに代金の支払を請求できるはずである（＝表見代理が成立すると、結果として、Bの代理行為の効果がAに帰属したのと同じことになる）。そして、不動産売買の場合、代金支払と登記移転ないし引渡しは同時履行（533条本文参照）とされることが多く、またたとえ登記移転ないし引渡しが先履行とされていたとしても、代金支払がされなければ、AはCとの契約を解除できるはずである（541条）。

　ところで、本問の場合、Cが代金を支払ったのは代理人であるBに対してであり、売主であるAに対してではない。そして、債権者でない者に弁済をしても、原則としてその効力は認められない。したがって、AはCの履行請求を拒むことができるはずである。しかし、債権者でない者に対する弁済でも、その者が債権の準占有者に当たれば、弁済としての効力が認められる（478条）。また確かにBは売主（＝債権者）ではないから、厳密にいえば、債権の準占有者ではないはずだが、判例によれば、債権者の代理人と称して債権を行使する者も債権の準占有者に当たるとされる（最判昭和37・8・21民集16巻9号1809頁）。そして、BはAから代金の受領権限を与えられたと称して、Cから代金を受け取ったものと推察され（そうでなければ、CがBに代金を支払うはずはないであろう）、すると、Bは債権者に代わって債権を行使する者といえるから、Cが善意無過失なら、Bへの支払にはAに対する弁済としての効力が認められることになる。

以上のように、CがAに対してBの締結した契約の履行を求めるには、〔**基礎編**〕を含め、上記のすべての要件を満たす必要がある。そして、特にCが備えるべき主観的要件については、各条項ごとに善意ないし善意無過失の対象が異なっている。すなわち、

　①110条の「正当な理由」ないし善意無過失においては、Bの代理権に対するCの信頼が問題となっている。

　②93条ただし書の類推適用では、CがBの代金着服の意図を知り、ないし、知りえたかが対象とされている。

　③96条3項にいう善意とは、BがAをだましたことをCが知らないことである。

　④478条における善意無過失とは、Bに代金受領の権限があるとCが信じ、かつ、信じたことに過失がないことを意味する。

　もちろん、実際問題として、ある1つの事情が複数の条項の判断に影響を及ぼすことはありうるが、善意ないし善意無過失の対象が各条項によって異なる点には注意を要する。

■ 小問1(2)について

　AがDから登記名義を取り戻すことができるか否かは、DがCから本件土地を購入している以上、第一義的にはCの権限による。すなわち、

　まずCが上記の要件をすべて満たし、本件土地の所有権を取得している場合、所有者であるCから本件土地を購入したDは所有権を取得する。したがって、AはDに登記の移転を求めることはできない。もっとも、DがAB間の事情を知り、そのため、Bと直接契約したのでは本件土地の所有権を取得することができないので、善意無過失のCを「わら人形」として介在させたときには、例外的にAの請求が認められることとなろう。

　これに対して、Cが110条ないし93条ただし書、あるいは96条3項に定める主観的要件を満たさず、そのため、本件土地の所有権を取得できないとき、Dも原則として所有権を取得できず、AのDに対する請求は認められることになる。では、例外はないのか。

第1に考えられるのは、Dについて直接110条を適用することである。すなわち、110条の「第三者」には、代理行為の直接の相手方（＝C）だけでなく、転得者（＝D）も含まれると解するのである。そして、94条2項の「第三者」については、転得者も「第三者」に当たるとされる（最判昭和45・7・24民集24巻7号1116頁）。しかし、110条については、同条が代理人でない者を代理人であると信じた「第三者」の保護を目的としているとの理由から、「第三者」は代理行為の直接の相手方に限られ、転得者は含まないとされている（最判昭和36・12・12民集15巻11号2756頁）。本問に則していうなら、確かにCはBに代理権があると信じて取引に入っているから、110条の「第三者」に当たるが、Dが信じたのはCに所有権があること、つまり、所有者でない者を所有者であると信じたことであるから、そもそも110条の守備範囲ではない、というのである（もっとも、最判昭和36年には――流通性の高い約束手形に関する事案であったため――批判もある）。

　そこで、第2に考えられるのが94条2項の（類推）適用である。なぜなら、真の所有者はAであるのに、登記簿上の所有者はCとなっており、Dはこれを信じてCとの取引に入ったと考えられるからである。しかし、Aは積極的に虚偽の外観を作出したわけではないから、94条2項を適用することはできないし、また虚偽の外観を承認したり、知りながら長期間放置した等の事情もないから（Aが気づいた時点では、登記名義は既にDに移転していた点に注意せよ）、Aには所有権を奪われるに足るほどの帰責性が認められず、94条2項の類推適用も困難である。

　このように、Cが上述の主観的要件を満たさない場合、たとえDが――あらゆる意味で――善意ないし善意無過失であっても、本件土地の所有権を取得することはできない。これは登記に公信力が認められていないこと、つまり、不動産取引では動的安全よりも静的安全が重視されていることの帰結でもある。

　なお、あまり想定できない事例だが、Cが110条、93条ただし書、96条3項の要件は満たしつつも、478条の意味では過失があった場合、もしCがAに（二重に）代金を支払わないなら、AはCとの契約を解除できることになる。そして、解除に遡及効を認めるなら（直接効果説）、Cは最初から所有者でなかったことになり、Dも所有権を取得できないはずである。しかし、DはAC間の契

約が解除される前に、その契約を前提として取引関係に入り、かつ、対抗要件を備えているから（最判昭和33・6・14民集12巻9号1449頁参照）、545条1項ただし書の「第三者」に当たる。したがって、AC間の契約が解除されても、Dは本件土地の所有権を失わず、AのDに対する請求は認められないことになる。

■ 小問2について

　小問2においても、Bに本件土地を売却する代理権はないから、原則として、Bの代理行為の効果はAに帰属しない（113条1項）。したがって、CはAにBの締結した契約の履行を求めることはできない。

　次に表見代理の成否が問題となるが、まず109条は成立しない。なぜなら、BがCに呈示した委任状はBが偽造したもので、Aのした代理権授与の表示とはいえないからである。また小問1(1)と同様の理由から、112条も成立しない。さらに110条も成立しない。Aは、Bがゼミで学生に見せるために登記関係書類と実印を貸しただけであり、Bに（基本）代理権など与えていないからである。

　加えて96条3項により、Cの保護を図ることもできない。なぜなら、96条3項は、詐欺により意思表示がされた場合に、第三者を取消しの遡及効から保護するための規定だが、本問の場合、そもそもAはBに代理権を与えるとの意思表示はしておらず、――代理権のレベルでは――取消しの対象となるべき意思表示がされていないからである（もちろん、Aは登記関係書類と実印をただで貸す旨の契約〔使用貸借。593条〕の意思表示を取り消すことができる）。また94条2項も（類推）適用されない。なぜなら、確かにAはBに登記関係書類と実印を渡しているが、これらを持っているからといって、Bが代理人らしく見える（虚偽の）外観が――社会的に見て――存在するとはいえないからである。

　このように、小問2の場合、Cが保護されることはない。確かにAにはBにだまされたという落ち度がある。しかし、小問1と異なり、AはBに重要なことは何も依頼しておらず、所有権を奪うに足るほどの帰責性は存在しない。「所有者に落ち度があり、第三者が善意無過失であれば、第三者が保護される」などという――初学者が誤解しがちな――法理はどこにも存在しない。第

三者を保護すべきか否かは個人の感性や価値判断によって決すべき事柄ではなく、法律が「要件論」という形で既に判断を下している。そして、民法では、あくまで静的安全が——不動の——「基礎」、「基本」であり、動的安全とは「例外」、つまり、法の定める要件が満たされてはじめて発動するものである。したがって、小問2のように、そのいずれにも当てはまらない場合、大原則である静的安全が妥当する。

　ムードやフィーリングに基づく先入観に惑わされることなく、常に要件が満たされているか否かを一つひとつ落ち着いて吟味すること、これが学習における「基礎」、「基本」である。

▶総則、物権

3 意思表示と物権変動
——動産の物権変動と即時取得

[問題]

　Aは工作機械（以下、「本件機械」という。）を所有していたが、資金繰りが悪化してきたため、債権者から「債務を弁済する代わりに、本件機械を渡せ」と要求されるのを恐れ、本件機械をBに売ったように見せかけることで、債権者の追及を免れようと考えた。そこで、AとBが互いに謀って、本件機械に関する虚偽の売買契約書を作成したが、このような事情にあったので、本件機械はAの手許にあり、Bへの引渡しはされていない。

　ところが、Bはこれを奇貨として一儲けしようとたくらみ、Cに上記の契約書を示して、売却話を持ちかけた。契約書を見て、本件機械がBの所有物であると信じたCは、本件機械を購入することにし、BC間で売買契約が締結された。そして、そのさい、BはCに「本件機械は、現在Aに貸しているが、Aには私（＝B）のほうから、あなた（＝C）に売ったことを伝えておきます」と説明し、Cから代金を受け取ったが、もちろん、BはAにそのような連絡はしていない。

1　Cは、Aに対して本件機械の引渡しを請求することができるか。
2　BC間の契約が締結された後、Aの債権者であるDがA宅に乗り込み、借金を返済するか、さもなくば自分（＝D）に本件機械を渡すよう、Aに求めた。これに対して、Aは「お金はないし、本件機械はBに売ってしまった」と答えたが、不審に思ったDはその場にあった帳簿等を調べ、AB間の契約が仮装ではないかとの感触を得たので、再度Aに厳しく問いただしたところ、とうとうAはBとの売買契約が実は財産隠しのための仮装であることを白状した。これに激昂したDは

「本件機械を自分（＝D）に売却せよ。もしそうしないなら、お前（＝A）だけでなく、お前の家族の命がどうなっても知らないぞ」と脅して、Aに自分（＝D）との売買契約を締結させたうえ、その契約に基づき、即日、本件機械を自分（＝D）の倉庫に持ち帰った（なお、DはAに売買代金を支払う代わりに、AのDに対する債務を棒引きにした）。

Aとしては、確かに財産隠しをした点は反省したものの、家族にまで危害を加えるといって、無理矢理、本件機械を持っていったDのやり方には納得が行かず、翌日、弁護士に相談したところ、そのような場合には強迫を理由として、自分（＝A）がDに対してした意思表示を取り消すことができることを知った。

(1)　CはDに対して本件機械の引渡しを求めたいが、この請求は認められるか。次の2つの場合を区別し、それぞれの場合について説明しなさい。

①AがDに対する意思表示をまだ取り消していない場合。
②AがDに対する意思表示を既に取り消している場合。

(2)　Aから意思表示を取り消す旨の通知を受けたDは、とにかく本件機械を転売し、現金に換えてしまおうと考え、本件機械をEに転売して引き渡した。そして、Eは、Dと契約を締結するさい、AD間の上記のような経緯は知らなかったが、Dが不必要なほど慌てていたことから、少しおかしいと気づくべき状況にあった。

この場合、CはEに対して本件機械の引渡しを請求することができるか。考えられうる法律構成を2つ示したうえ、両者を比較しながら、説明しなさい。

■ 小問1について

　小問1において、CがAに対して本件機械の引渡しを請求できるかどうかは、本件機械の所有者が誰であるかによる。そこで、まず原則論から確認していこう。

　本件機械の所有者は、もともとAであった。そして、Bとの間で売買契約書は作成されているが、これはAとBが互いに謀ってした仮装の意思表示、すなわち、通謀虚偽表示であるから、この意思表示は無効である（94条1項）。よって、Bが本件機械の所有権を取得することはなく、すると、Bから本件機械を購入したCも、原則として所有権を得ることはない。したがって、CはAに対して本件機械の引渡しを求めることはできないはずである。

　しかし、AB間の意思表示は通謀虚偽表示であり、またCは第三者であるから、Cについて94条2項が適用される可能性がある。（α）まずAB間には仮装の契約書という虚偽の外観（＝意思表示）が存在し、かつ、それはAが積極的に作出したものである。（β）またCはAB間に契約が存在することを前提にBとの取引関係に入っているから、94条2項の「第三者」に当たる。そして、（γ）Bと売買契約を締結した時、CはBを本件機械の所有者と信じていたから、「善意」である。したがって、AはCに対してAB間の意思表示が無効であると主張することができず、その結果、CはAに対して本件機械の引渡しを求めることができる。

　なお、本問に関連して、以下の4つの点は確認しておく必要がある。

　第1に、94条2項は、「第三者」について「善意」であることのみ求め、「無過失」であることまでは要求していない。これは表意者が意図的に虚偽の外観を作出したこととのバランスによるものと解されており、現に「無過失」まで要求する見解はあまりない（この点で96条3項をめぐる議論とは対照的である。すなわち、96条3項にあっては、詐欺の被害者である表意者の利益にも配慮し、「第三者」に「無過失」まで要求する説がかなりある）。

　第2に、AB間では単に契約書が作成されたにすぎず、本件機械の引渡しはされていない。したがって、そもそもBはCに本件機械を引き渡すことができないし、加えて——Cに対してした説明と異なり——BはAに連絡をしていな

3　意思表示と物権変動　　23

いので（184条も参照）、Cは本件機械の引渡しを全く受けておらず、対抗要件を備えていない（178条）。そのため、対抗要件を備えていない者が94条2項の「第三者」に当たるのか、という問題が出てくる。しかし、94条2項の場合、「第三者」について対抗要件の具備は要求されていない。なぜなら、AC間の関係は二重譲渡ではないので、本来、対抗関係にはなく、また表意者であるAが意図的に虚偽の外観を作出している以上、Cは「善意」であれば——Aとの関係では——保護に値する、と考えられているためである（これに対して、96条3項の「第三者」をめぐっては、「第三者」に対抗要件の具備を求める学説も有力である）。

　第3に、Cが94条2項の「善意の第三者」に当たり、本件機械の所有権を取得するとしても、だからといって、AB間の意思表示が有効になるわけではない（94条1項参照。また94条2項も意思表示が無効であることを前提に、「……意思表示の無効は、善意の第三者に対抗することができない」としている）。そして、94条2項の効果として、Cは本件機械の所有権を取得し、他方、Aは所有権を失うから、本件機械の所有権はAから——Bを介することなく——直接Cに移転することになる。またこのAC間の所有権移転には、その根拠となる契約がAC間では結ばれていないから、Cの所有権取得は——承継取得ではなく——原始取得であることになろう。これは、甲の所有する動産を乙が丙に売却し、丙について即時取得（192条）が成立するとき、その動産の所有権は甲から——乙を介することなく——丙に移転し、丙による所有権取得が原始取得とされるのと同じである。

　第4に、Bが本件機械の所有者でないのに、Bからの購入者であるCが本件機械の所有権を取得する方法としては即時取得（192条）も考えられる。しかし、小問1の場合、Bは本件機械を占有していないから、「前主が目的物を占有していたこと」という要件が満たされていないし、Cも本件機械の引渡しを受けていないから、「取得者が占有を始めたこと」という要件も欠いている。よって、Cについて即時取得が成立することはない。

■ 小問2(1)について

　小問2においても、結局、問題となるのは所有権の所在である。つまり、Cが本件機械の所有者であるなら、Dに対してその引渡しを求めることができるが、所有者でないなら、Dに引渡しを求めることはできないのである。そして、小問2では——小問1と異なり——AD間で本件機械の売買契約が締結されているので、まずこの契約の効力から検討していこう（なお、小問2のような事情のもとでは、AD間の契約は、実務的には売買契約でなく、代物弁済〔482条〕とされるのが通常であろうが、いずれに解したとしても、以下の問題解決に差異は生じないので、説明の便宜上、売買契約と考えて検討を進めることにする）。

　AがDと本件機械の売買契約を締結したのは、Dに脅されたためである。そして、(α) Aのみならず、Aの家族にまで危害を加える旨のDの脅しは違法な強迫であり、(β) DにはAを脅す意図とAに意思表示をさせる意図が認められ、(γ) Dの強迫とAの意思表示との間には因果関係があるから、AはDに対する意思表示を取り消すことができる（96条1項）。では、この場合、CD間の関係はどのようになるのであろうか。

　まず①においては、AはDに対する意思表示をまだ取り消していない。そして、取り消しうる意思表示も実際に取り消されるまでは、一応有効な意思表示であるから、本件機械の所有権は、94条2項によりAからCに移転する一方（小問1参照）、AからDにも移転するから、CD間の関係は対抗関係であることになる（178条）。そして、Cに引渡しはされていないから、CはDに対して本件機械の所有権を主張することができず、CのDに対する引渡請求も認められないこととなる（これに対して、Dへの引渡しは——強迫による契約に基づくものとはいえ——されているから、DはCに対して本件機械の所有権を主張することができる）。

　もっとも、Cとしては、もしAが無資力であるなら、CのAに対する本件機械の引渡債権を被保全債権として、AのDに対する意思表示の取消権を代位行使することが考えられる（423条1項）。そして、この場合、Cが行使するのはAの権利であるから、結局、Aが自分自身でDに対する意思表示を取り消したのと同じことになる（この場合の法律関係については、②で説明する）。

　またCとしては、AD間の売買契約が実質的にはAのDに対する債務の弁済

3　意思表示と物権変動　25

であるとの理由から、これを詐害行為として取り消すことも考えられる（424条1項。ただし、紙幅の関係上、この点の説明は割愛する。なお、この問題については、最大判昭和36・7・19民集15巻7号1875頁や最判昭和53・10・5民集32巻7号1332頁が参考となる）。

次に②においては、AはDに対する意思表示を既に取り消している。そして、取消しには遡及効があるから（121条本文）、Dは最初から所有権を取得しなかったことになり、すると、Dは全くの無権利者であることになる。そして、確かにCは本件機械の引渡しを受けていないから、第三者に対して自身の所有権を主張できないはずであるが（178条）、同条にいう「第三者」とは——177条と同様——「対抗要件が備えられていないことを主張するについて正当な利益を有する者」を指し、（完全な）無権利者はこれに当たらないとされている。したがって、Cは、本件機械の引渡しを受けていないが、無権利者であるDとの関係では、本件機械の所有権を主張し、その引渡しを求めることができる。

では、法律行為の取消しについて、いわゆる「復帰的物権変動論」を採った場合はどうなるであろうか。次の問題に進むための準備作業を兼ねて、以下、確認しておこう。

まず復帰的物権変動論にあっては、甲が乙に目的物を譲渡した後、甲が乙に対する意思表示を取り消し、しかし、その後さらに乙が丙に目的物を譲渡した、という事案を想定しつつ、乙は甲に目的物を返還する義務を負う一方、丙にも目的物を引き渡す義務を負うから、甲丙間の関係は——あたかも乙を起点とする——二重譲渡のような関係になり、そのため、甲と丙は対抗関係に立つ、とされる。そして、この理論によれば、甲による取消しがされても、乙が完全な無権利者になることはなく、乙が丙に目的物を譲渡し、丙が甲よりも先に対抗要件を備えた場合、丙は甲に対して自身の所有権を主張できることとなる（その意味で、取消しの遡及効は貫徹されていない）。

ところが、この議論を②に当てはめた場合、Dは完全な無権利者とはされない結果、Cとの関係で178条の「第三者」に当たる可能性が出てくる。そして、そうなると、本件機械の引渡しを受けていないCは、Dに対して所有権を主張することができず、その結果、本件機械の引渡しをDに求めることができ

ないこととなる。もちろん、そうであっても、Dは本件機械を保持し続けることはできず、Aに対して本件機械を返還しなければならないし、Cとしては、そのうえでAから本件機械の引渡しを受ければよい。のみならず、もしAが無資力であるなら、CはAに対する本件機械の引渡債権を被保全債権として、AのDに対する本件機械の引渡債権を代位行使し（423条1項）、Dに対して自身（＝C）への直接の引渡しを請求することも考えられる。しかし、もしAが無資力でないなら、動産を目的物とする本件事案にあっては、Cによる債権者代位権の行使を認めることは困難である（不動産賃貸借の場合には、賃借人が不法占拠者に明渡しを求める方法として、自身の賃借権を被保全債権として、賃貸人である所有者の不法占拠者に対する物権的請求権を代位行使することが認められており〔最判昭和29・9・24民集8巻9号1658頁〕、しかも、この場合、賃貸人が無資力であることは要件とされていないが、これは不動産に関する特殊なルールであり、動産について同様のルールを認めた最上級審判決は見当たらない）。

　けれども、そもそも復帰的物権変動論とは、上記の設例からも分かるように、第三者（＝丙）を保護するための理論であり、意思表示の直接の相手方（＝乙）、すなわち、──強迫をした張本人である──Dを保護するための理論ではない。また既にAによる取消しがされている以上、たとえCが対抗要件を具備していなくても、Dを保護すべき理由は見当たらず、Aの資力を問うことなく、CのDに対する本件機械の引渡請求は認められてよいように思われる。では、復帰的物権変動論を採りつつも、このような解釈を導くことは可能であろうか。そのための考え方は2つありうるように思われる。

　第1は、復帰的物権変動論の趣旨目的から、そこに必要な限定を加える方法である。つまり、同理論の目的が第三者の保護にあり、取消しの相手方の保護を目指した議論でないことを理由に、Cとの関係で、Dは178条の「第三者」に当たらない、とするのである。

　第2は、DはAに本件機械を引き渡す義務があり、そして、そのAはCに対して本件機械を引き渡す義務があるから、CD間は対抗関係にはなく、あえてなぞらえるなら、Xが目的物をYに譲渡し、Yがそれをさらにゼに譲渡した場合の、XとZとの関係、すなわち、転々譲渡における前主と後主の関係にあり、この場合、XZ間は対抗関係にはなく、そのため、Zは対抗要件を備えて

3　意思表示と物権変動　27

いなくても、Xに対して所有権を主張できるとされているから（つまり、Zとの関係で、Xは178条の「第三者」には当たらないとされる）、本問においても、Cは対抗要件を備えることなく、Dに対して所有権を主張することができる、というものである。

この2つの考え方は対立するものではない。まずCとの関係で、Dが178条の「第三者」に当たらないとする点では共通している。のみならず、第1の考えはこの解釈の背景にあるものを指摘し、第2の考えはそれに理論的な説明を与えるものと評することができる。つまり、同じ考え方に対して——判断の根拠とその理論的説明という——異なる角度から光を当てているにすぎないように思われる。

なお、小問2(1)については、さらに一歩進んだ問題もある。すなわち、本件機械がDに引き渡された時点で（＝Aによる取消しよりも前の時点であることに注意）、AのCに対する本件機械の引渡債務は——Dが対抗要件を備えた結果——履行不能となり、そのため、同債務は損害賠償債務に転化するので、AがDに対する意思表示を取り消し、本件機械の返還を受けたとしても、CがAに請求できるのは損害賠償だけであり、本件機械の引渡しを求めることはできず、すると、CのDに対する引渡請求も認めるべきではないのではないか、という問題である。そして、実際にもこれと類似する議論が債務不履行の領域ではされている。すなわち、PがQに目的物を譲渡し、しかし、Qが対抗要件を備える前に、PがRに目的物を二重に譲渡して、Rが対抗要件を備えた場合、Rが対抗要件を具備したことによって、PのQに対する契約上の債務は履行不能となるから、同債務は損害賠償債務に転化する。では、その後、もしPR間の売買契約が（合意）解除されたとすると、QがPに請求できるのは損害賠償だけなのか、それとも契約の履行（＝目的物の引渡し）まで求めることができるのか、という問題である。

しかし、取消しについては遡及効が明定されているためであろうか（121条本文）、意思表示論の領域では、この種の議論はされていないようである。

■ 小問2(2)について

　CがEに対して本件機械の引渡しを請求できるかどうかも、結局、Cが本件機械の所有者であるか否かによる。そして、この問題を解決するには、まずEの法的地位を検討する必要がある。

　小問2(2)の場合、Dは、Aによる意思表示の取消しがされた後、Eに本件機械を譲渡している。したがって、Eはいわゆる「取消し後の第三者」である。そして、「取消し後の第三者」をめぐっては、2つの考え方が対立しており、そのいずれを採るかで、本問の解決方法は変わってくる。

　まずAによる意思表示の取消しについて、遡及効を貫徹するなら、AD間における本件機械の所有権移転は最初からなかったことになり、所有者でないDから本件機械を購入したEは、原則として所有権を取得することができず、全くの無権利者であることになる。すると、Cは対抗要件を備えていなくても、Eに対して所有権を主張し、本件機械の引渡しを求めることができる。

　もっとも、この場合であっても、Eについて即時取得（192条）が成立するなら、Eは本件機械の所有権を取得し、その結果、Cは本件機械の所有権を失うから、CのEに対する引渡請求は認められないことになる。そして、確かに①本件機械は動産であり、②Dは——既にAによる取消しがされているから——本件機械に関する処分権限を有していないのに、これを占有しており、③DとEとの間には有効な取引行為が存在し、④Eは平穏に、かつ公然と本件機械の占有を始めている。しかし、⑤Eは善意であるものの、Dを所有者と信じたことには過失があったといえる。なぜなら、EはDの慌てぶりから、少しおかしいと気づくべき状況にあったからである。すると、Eについて即時取得が成立することはなく、結局、原則のとおり、Cは対抗要件を備えていなくても、Eに対して本件機械の引渡しを請求できることとなる。

　他方、復帰的物権変動論を採ったとすると、まずAとEが——Dを起点とする——二重譲渡関係であることになる。そして、Dから本件機械の引渡しを受け、対抗要件を先に備えたのはEであるから、所有権はEに（確定的に）帰属し、その結果、Aは完全な無権利者となる。またこの点ではCも同様である。すると、所有者でないCは所有者であるEに対して本件機械の引渡しを請求で

3　意思表示と物権変動

きないこととなる（なお、物権法のレベルで考えるなら、本問の場合、CE間の関係は、Aを起点とする二重譲渡関係ではなく、上記のとおり、AとEとがDを起点とする二重譲渡関係にある結果、CはあたかもAからの転得者であるかのような地位に立つ）。

　もっとも、EがAよりも先に対抗要件を備えたとしても、Eが——Aとの関係で——背信的悪意者に当たるなら、EはAに対して所有権を主張することができず、他方、Aは対抗要件を備えていなくても、Eに対して所有権を主張できることになる。そして、この場合、——ほとんど議論はされていないが——Cも対抗要件を備えることなく、Eに対して所有権を主張しうると解するのが素直であろう。なぜなら、確かに背信性の有無は、原則として当該当事者間において個別的に判断されるべきであり、たとえば甲が乙、丙、丁の三者に同じ物を順次三重に譲渡したとき、丙が乙との関係では背信的悪意者であっても、丁との関係で背信的悪意者であるとは限らないが、本問において、もしCがAから本件機械の譲渡を受けた者であるとすると、CはAの法的地位を継承するから、対抗要件を備えていなくても、背信的悪意者であるEに対して所有権を主張できてよいはずであり、となると、本問の場合も、AC間で本件機械の所有権移転があったことに変わりはないので（小問1参照）、同じ解釈が成り立つように思われるからである。確かに背信的悪意者論をめぐっては、第二買主が第一買主との関係で背信的悪意者であるとしても、第二買主からの転得者は完全な無権利者とされることはなく、転得者が対抗要件を具備した場合、この転得者は——第一買主との関係で背信的悪意者とされない限り——第一買主に対して所有権を主張することができる、とされ（最判平成8・10・29民集50巻9号2506頁）、（背信的悪意者でない）転得者の保護が図れている。しかし、ここで議論されているのは背信的悪意者本人を保護するか否かであり、転得者保護とは異なった問題である。

　ただし、以上はEがAとの関係で背信的悪意者とされた場合の議論である。しかし、**小問2(2)**の場合、Eには過失こそあるものの、AD間の経緯を知らなかったのであり、Eは（背信的）悪意者ではない。すると、ADEの関係について、復帰的物権変動論を採った場合、上述のとおり、本件機械の引渡しを受けたEが所有権を確定的に取得し、他方、AとCは無権利者とされる結果、CのEに対する本件機械の引渡請求は認められないこととなる。

▶物権、債権各論（契約）

4 不動産の物権変動と賃貸人の地位の移転
——契約の解除と第三者

[問題]

　Aは、自己所有の土地（以下、「本件土地」という。）をBに売却し、本件土地をBに引き渡したが、AB間の売買契約では、BがAに代金を支払うのと同時に、移転登記がされることになっており、代金支払がされていないので、移転登記もまだされていない。その後、Bは、Cに対して本件土地を転売して引き渡したが、AB間で移転登記がされていないため、BC間でも移転登記はされていない。そして、Cは、Dに対して本件土地を賃貸し、本件土地の引渡しを受けたDはそこに家屋（以下、「本件建物」という。）を建て、本件建物の保存登記をした。
　ところが、その後、Bがいつまで経ってもAに代金を支払わないので、AはBに催告したうえ、Bとの契約を解除した。
　以上の事案について、次の小問に答えよ。

1　上記の事案における、AC間及びAD間の法律関係を説明しなさい。
2　Bとの契約を解除したAは、本件土地をEに売却した。この場合、CE間及びDE間の法律関係はどうなるか。次の2つの場合を区別したうえ、それぞれの場合について説明しなさい。
　(1)　EがAから本件土地の移転登記をまだ受けていない場合。
　(2)　EがAから本件土地の移転登記を既に受けている場合。

■ 小問1について〔基礎編〕

　まずAC間の法律関係について考えてみよう。
　Cは、AB間の契約が解除される前に、Bと本件土地の売買契約を締結しているから、少なくともその時点では、本件土地の所有権を取得していたはずである。しかし、その後、AB間の契約は解除されている。そして、解除の効果については、直接効果説、間接効果説、折衷説という3つの考え方があるが、判例通説は直接効果説を採っているとされており、これによれば、解除には――取消しと同様――遡及効が認められるから、Aの解除によって、Bは最初から所有権を取得しなかったことになり、すると、Bから本件土地を購入したCも最初から所有権を取得していなかったことになる。したがって、これによれば、本件土地の所有者はAであって、Cではない。
　しかし、このように遡及効を貫徹すると、権利を取得していたはずの第三者の利益が害される。そこで、これを避けるため、解除によって第三者の権利を害することはできない、とされた（545条1項ただし書）。そして、上記のとおり、このただし書の意義は、――直接効果説によれば――解除の遡及効から第三者を保護することにあるから、ここでいう「第三者」とは、当事者間に契約があることを前提として、解除前に法律関係に入った者（＝「解除前の第三者」）を指すことになる。本問のCは、AB間に契約があることを前提に、Aによる解除前に、Bとの取引関係に入った者であるから、この意味では545条1項ただし書の「第三者」に該当する。
　ところで、この「第三者」は対抗要件を備えていなければならない、というのが判例（大判大正10・5・17民録27輯15巻929頁、最判昭和33・6・14民集12巻9号1449頁）であり、通説でもある。しかし、問題はその理由と具体的帰結である。
　まず上記の判例は、解除権者と第三者との関係を通常の対抗関係（177‐178条）と考えているようである。すると、第三者が解除権者よりも先に対抗要件を具備すれば、たとえそれが解除後であっても、解除権者に権利主張することができ、他方、解除権者は対抗要件を備えていない限り、第三者に権利主張できないこととなる。また学説のなかには、この場合の解除権者と第三者との関係を――解除に遡及効がある以上――理論的には通常の対抗関係と異なるとし

つつも、第三者を通常の対抗関係にある者以上に保護する理由はないとして、——この場合の「対抗要件」を「権利保護要件」（あるいは「保護資格要件」）と位置づけつつも——実際には、判例と同じ結論を採るものもある（この説と判例との違いは、結局、登記ないし引渡しを「対抗要件」と呼ぶか、別の名称で呼ぶかという用語法の差でしかない）。しかし、「権利保護要件」という考え方を採る学説のなかには、それを文字どおり「第三者が備えるべき要件」と考え、もし第三者が解除権者から請求を受ける前に対抗要件（登記ないし引渡し）を備えていないとすると、たとえ解除権者が対抗要件を具備していないとしても、解除権者の請求は認められるとする見解もある（この点で、判例とは具体的帰結が異なることになる。なお、以上の点については、内田貴・民法Ⅱ〔第3版〕（2011年）100-101頁）のほか、さらに関心のあるみなさんは、司法研修所編・改訂 紛争類型別の要件事実——民事訴訟における攻撃防御の構造（2006年）120頁を参照）。

学説の当否を論ずるのは、本書の目的ではないが、最後の考え方について一言するなら、登記ないし引渡しをもし本当に第三者が備えるべき「権利保護要件」と考えるなら、それは——解除権者による請求時ではなく——解除時までに具備すべきであるとするのが素直なように感じられる（司法研修所編・前掲書120頁も参照）。また実質的に考えても、解除権者が権利主張するには、やはり対抗要件の具備が求められてよいように思われる。それは以下の理由からである。

まず第三者に対抗要件（登記ないし引渡し）が求められる実質的な理由は、もしこれを不要とした場合、次のような不都合が生じるためと考えられる。すなわち、

①甲が乙に目的物を売却したが、甲は乙から代金の支払をまだ受けていないので、乙に対抗要件を具備させていない、という事案において、

②乙が丙に目的物を転売したすると、丙は545条1項ただし書の「第三者」とされ、甲は丙による所有権取得を否定できないこととなるが、

③これでは乙の債務不履行に備え、代金の支払と対抗要件の具備（登記ないし引渡し）を同時履行とし、自己防衛の手段を尽くしていた甲よりも、対抗要件が具備されていないのに、漫然と乙から目的物を購入した丙が保護されることになり、不合理である。

④さらにこの場合、確かに甲は留置権ないし同時履行の抗弁権を主張し、乙から代金支払を受けない限り、引渡しないし登記移転を拒むことができるが、目的物の所有者が丙である以上、これを他の買主に売ることはできず、結局、乙との契約を解除した意味が損なわれることになる。

以上のように、丙に対抗要件の具備が要求される背景には、同時履行関係を媒介とした甲の債権担保の実効性を確保するという意味があるのであって、とすると、甲がこのような手段を実際に講じていたか否かも問われてしかるべきこととなろう。したがって、甲が登記ないし引渡しをしてないか（あるいは、移転した登記を抹消したか、一度引き渡した目的物を取り戻したか）という事情も、甲の要保護性を推し測るさいの重要な要素のはずであり、他方、第三者を通常の対抗関係にある者以上に保護すべき理由はないから、結局、具体的帰結の点では、判例通説の立場が穏当であり、後はここでいう登記ないし引渡しを「対抗要件」と呼ぶか、「権利保護要件」と呼ぶかという言葉の問題が残るにすぎない。

さて、ここで本問に戻ると、AはBから代金の支払を受けていないので、登記をB名義に移しておらず、そのため、Cも登記名義を得ていない。すると、上記のいずれの説を採っても、Cは545条1項ただし書の「第三者」とはされず、本件土地の所有者はAであり、Cに所有権はないことになる。

■ 小問1について〔応用編〕

次にAD間の法律関係について検討してみよう。

まずAがBとの契約を解除する前は、BとCは本件土地の所有権を取得していたのであり、そして、Dは所有者であるCから本件土地を賃借したのであるから、Dは正当な権原を有する賃借人のはずである。

しかし、AがBとの契約を解除し、その解除に遡及効がある結果、Cは最初から所有者でなかったことになり、すると、Dは所有者でないCから本件土地を賃借したことになるから、本来、所有者であるAはDに対して本件土地の引渡しを請求できるはずである。

もっとも、誤解を避けるため、次の2点を確認しておこう。

第1に、CD間の賃貸借契約は、Aの解除によって、結果として他人の物の賃貸借となるが、これは契約としては有効である（560条、559条）。したがって、CはDに使用収益させる義務を、DはCに賃料支払義務を、それぞれ負う（601条）。そして、CがAに頼んで、本件土地の所有権を取得したり、あるいはAから本件土地を賃借し、Aの承諾を得て、Dに転貸した場合、CのDに対する使用収益させる義務は履行されたことになる。他方、AがDに対して本件土地の引渡しを求めたとすると、CのDに対する上記の義務はもはや履行不能となるから、本来、DはCとの賃貸借契約を解除し（543条）、それによって賃貸借契約は終了するはずであるが、賃貸借のような継続的な契約においては、履行不能となった後も、解除まで契約が継続すると考えるのは、意味がないばかりか、かえって法律関係が複雑になる等の理由から、履行不能となった時点で——解除を待つことなく——契約は終了するとされている（最判昭和42・6・22民集21巻6号1468頁〔ただし、建物の賃貸借において目的物たる建物が焼失した事案に対する判決である〕。なお、この点については、最判平成14・3・28民集56巻3号662頁も参照）。

　第2に、確かにDは自己の賃借権について対抗要件を具備しているが（借地借家法10条1項）、「対抗要件」とは、正当な権原が存在することを前提に、その権原を第三者に主張（＝対抗）するために必要とされる要件を意味しており、そもそも正当な権原がないなら、外形的に「対抗要件」を備えていても、権利主張をすることはできない。たとえばXがYに土地を賃貸し、Yが賃借権の登記（605条）をしたとしても、その土地がZの所有物で、Xに何の権限もなかったとすると、YはZに賃借権を主張することはできない。

　さて、上記のように、解除に遡及効があるとすると、本来、DはAに対して本件土地を引き渡さなければならない。しかし、ここでDについて直接545条1項ただし書を適用できないかが問題となる。なぜなら、①Dは、AがBとの契約を解除する前に、Cとの取引関係に入っており、「解除前の第三者」といえるし、②Dは本件建物の保存登記をしているから、Dの賃借権は対抗要件を具備していると考えられるからである（借地借家法10条1項）。すると、問題は、Bと直接取引をしたCではなく、Cと取引をしたDも545条1項ただし書にいう「第三者」に当たるか否かである。

類似の問題を参照するなら、まず94条2項の「第三者」については、転得者も「第三者」に当たるとされる（最判昭和45・7・24民集24巻7号1116頁）。なぜなら、真の所有者が虚偽の外観を作出したという帰責性の面では、それが直接の第三者に対する関係であろうと、転得者との関係であろうと、特段の差はなく、また転得者が信じた虚偽の外観は真の所有者が作出した外観に起因しているからである。これに対して、110条の「第三者」は、（無権）代理行為の直接の相手方のみを指し、直接の相手方と取引をした転得者はこの「第三者」に当たらないとされる（最判昭和36・12・12民集15巻11号2756頁）。なぜなら、110条は代理人でない者を代理人と信じて取引をした者の保護を目的としており、そのような「第三者」は代理行為の直接の相手方に限られるからである（直接の第三者を権利者と信じて取引に入った転得者は、権利者でない者を権利者と信じて取引をした者が受ける保護、具体的には、94条2項、162条1-2項〔取得時効〕、192条〔即時取得〕等によって、その保護のあり方が決定されることになる）。

　すると、545条1項ただし書は、解除の遡及効から第三者を保護することを目的としているから、ここでいう「第三者」の解釈にあたっては、その者が解除の遡及効を受ける者であるか否かによって判断されるべきことになる。そして、Dは、Aによる解除の前は、所有者であるCから本件土地を賃借した、正当な権原のある賃借人であり、解除の遡及効によって、この地位を失っているから、解除の遡及効を受ける者といえる。したがって、Dは上記の「第三者」に当たることになろう。

　以上のとおり、Dは545条1項ただし書の「第三者」に当たるから、AはDに対して解除の遡及効を主張することはできず、そのため、本件土地の引渡しを求めることもできない。これに対しては、これではBの債務不履行（＝代金不払）に備え、登記を移転しなかったAの利益が害されるとの批判もあろう。しかし、一方で、AはBに本件土地を引き渡さないという選択肢もあったはずであり、他方で、建物保護のため、借地借家法は建物の登記によって土地の賃借権の対抗力を認めているから、このような解決もやむを得ないものといえよう（判例のように、545条1項ただし書を、第三者との関係で解除の遡及効を制限した規定と理解し、かつ、解除権者と第三者との関係を対抗関係と考えるなら、Dとの関係でAが本件土地の所有権を回復するのは解除時だが、Dはそれ以前に賃借権の対抗要件

を備えているから、DはAに対して賃借権を主張できる、と説明されることになる）。

　では、この場合、Dとの関係で、本件土地の賃貸人は誰になるのであろうか。

　上記のとおり、Dの賃借権は対抗要件を備えており、DはAの引渡請求を拒むことができる。また賃貸借契約はCD間で締結されているから、賃貸人はCであり、すると、DはCに対して賃料を払わねばならないはずである。そして、AはCに対して賃料相当額を――不当利得ないし不法行為を理由に――請求することになる。これが本来の姿である。

　しかし、これでは法律関係が複雑になる。のみならず、Cに対して債権者が多数いたとすると、AはDがCに払った賃料をCから回収するのが困難になろうが、そもそもCがDから賃料を得られるのはA所有の本件土地をDに賃貸したためであるから、この賃料に関する限り、AはCに対する他の債権者よりも優遇されてよいように思われる（賃貸人が転借人に対して賃料を直接請求できるとした613条1項もこのような趣旨を含む規定である）。他方、Dはいずれにせよ賃料を払わねばならないから、――とりわけ修繕義務等がほとんど問題とならない土地の賃貸借にあっては――賃貸人がAとされても特に不利益はない。そこで、XがYに土地を賃貸し、Yがその土地上に建物を所有して賃借権の対抗力を備えている場合、その後、XがZに同土地を売却したとすると、XZ間に合意がなくても、賃貸人の地位は当然にZに移転し（大判大正10・5・30民録10輯16巻1013頁）、この移転についてYの同意は必要ないとされている（最判昭和46・4・23民集25巻3号388頁）。したがって、本問においても、賃貸人たる地位は、AC間の合意やDの同意がなくても、CからAに移転することになる。

　もっとも、Aが賃貸人であることとCに対してその地位を主張できることとは別問題である。なぜなら、特に上記のように、目的物の譲渡に伴って賃貸人の地位が移転する事案にあっては、目的物の譲受人は所有者であることを賃借人に主張できて、はじめて賃貸人であることを主張できるはずであるし、また賃借人には――過誤弁済を避けるため――誰が賃貸人であるかを知る利益があるからである。そこで、上記の事例においては、Yは177条の「第三者」に当たるとされ、そのため、Zは登記を備えて、はじめてYに対して賃貸人たる地位を主張し、賃料を請求できるとされている（最判昭和49・3・19民集28巻2号

325頁)。

　ところが、本問の場合、本件土地の登記は——Aによる解除前も解除後も——A名義のままであり、Cとしては、登記の移転によって賃貸人がAとなったことを知ることができない。そのため、DはCに賃料を払い続ける可能性があり、Dが善意無過失なら、Aに対する債務を免れることができるが（478条）、過失があった場合には、再度Aに賃料を払わねばならないことになる。しかし、A側のトラブルに起因するこのようなリスクをDに負わせるのは疑問である。のみならず、——本問とは異なるが——CがDに対する賃料債権をAに譲渡した場合、CがDにその旨を通知するまで、AはDに対して債権者であることを主張できない（467条1項）。とすると、本問においても、AがDに対して賃貸人であることを主張し、賃料請求をするには、CからDに上記の事情が通知されなければならないと解するのが妥当であろう（もっとも、通知がされなくても、DがAを賃貸人と認めるのは自由である。なお、最判昭和33・9・18民集12巻13号2040頁は、賃貸人の交代について賃借人に通知する必要はないとするが、これは目的物である建物について、譲渡人〔＝旧賃貸人〕から譲受人〔＝新賃貸人〕への移転登記がされていた事案に対する判断である）。

■　小問2について

　まず(1)について検討してみよう。
　EはAから本件土地を譲り受けたが、まだ登記をしていない。この場合、EはCに対して所有権を主張することができるか。問題は、Cが——Eとの関係で——177条の「第三者」に当たるかである。
　AはBとの契約を解除しており、解除に遡及効があるなら、Cは最初から所有者でなかったことになる。そして、177条の「第三者」とは「登記の欠缺を主張する正当な利益を有する者」をいい、不法行為者や不法占拠者、無権利者や無権利者からの承継人等はこれに含まれない。すると、最初から所有権を得ていなかったCは（完全な）無権利者であり、Eは登記がなくても、Cに所有権を主張できるはずである（つまり、CE間の関係は、いわゆる「対抗関係」ではない）。

もっとも、これに対しては、Cは——少なくともBC間で売買契約が締結された時点では——所有者であったBから本件土地を購入しており、AB間の契約が解除されたとはいえ、広い意味では取引関係者であるから、177条の「第三者」と考えてもよいのではないか、との反論もありうる。しかし、Cは545条1項ただし書の「第三者」に当たらないから、Aに対して本件土地の所有権を主張することができず、——登記を備えている——Aに対して本件土地を返還しなければならない（なお、Cは本件土地をDに賃貸しており、間接占有者である）。すると、AC間では、Aが所有者で、Cは無権利者なのに、本件土地がEに譲渡されると、——Aの引渡請求を拒むことのできないはずの——Cが「登記の欠缺を主張する正当な利益を有する者」となるのは奇妙である。加えて、AとCを「対抗関係」ととらえる判例理論によれば、CとEは「対抗関係」に立たないはずである。なぜなら、Pが不動産をQとRに二重に譲渡し、Rが登記を備えたとすると、この時点でRが確定的な所有者となり、Qが無権利者となる結果、その後、RがSに同不動産を譲渡した場合、Sは登記を備えていなくても、Qに対して所有権を主張できるはずだからである。さらにCが備えるべき「対抗要件」を「権利保護要件」と解し、Cがこれを備えていない場合、Aが対抗要件を備えていなくても、CはAの引渡請求を拒むことができないとする——545条1項ただし書に関する——前述の学説によっても、Cは——Eとの関係で——177条の「第三者」とはされないこととなろう。したがって、Eは登記を備えていなくても、Cに対して本件土地の所有権を主張できることになる。

　では、この場合、DE間の関係はどうなるであろうか。

　上述のとおり、Dの賃借権は対抗力を備えており、万人に対して賃借人であることを主張できるから、新しい所有者が現れても、本件土地を継続して使用することができる。また、本来、Dに対する賃貸人はCであるが、前述の理由から、賃貸人の地位は解除によってAに移転し、ただし、AがDに対してその地位を主張するには、Dに対してその旨の通知がされる必要がある。すると、DはEに対する関係でも賃借権を主張し、本件土地を使用することができるが、AE間における本件土地の譲渡に伴い、AE間に特段の合意がなくても、またDが同意していなくても、賃貸人の地位はAからEに移ることになる。た

だし、EがDに対して賃貸人であることを主張し、賃料請求をするには、Eにとって D が177条の「第三者」に当たるため、E は登記を備える必要があることになろう。

　最後に小問2(2)について考えてみよう。

　まず CE 間の関係は、上記(1)と同じである。すなわち、E は所有者であり、C は無権利者であって、177条の「第三者」に当たらないから、E は C に対して所有権を主張することができる。(2)では、E は登記を備えているが、CE 間の関係が「対抗関係」でないこと、つまり、E は登記を備えていることを理由に権利を主張できるわけではないことは、再度確認しておこう。

　次に DE 間の関係については、上記(1)と異なり、E が登記を備えている以上、C に対して所有者であることと――これに伴い――賃貸人となったことを主張することができる。したがって、E は D に対して賃料を請求できることになる。

▶総則、物権、債権各論（契約）

5 動産の物権変動と動産賃借権の効力
——詐欺による意思表示の取消しと契約の解除

[問題]

　Aが自己所有の掘削機械（以下、「本件機械」という。）を売却しようとしたところ、Bから「Cが掘削機械を探しており、Cには十分な資力があるから代金支払の点でも問題がない」との説明を受けたので、AはCに対して本件機械を1000万円で売却して引き渡し、代金は3か月後に支払われることとなった。しかし、実はCには資力がなく、Bもそのことを知っていたが、Cから頼まれ、Aに上記のような説明をしたのであった。

　本件機械の引渡しを受けたCは、Dに対して本件機械を期間2年、賃料月額20万円で賃貸し、既に引渡しを済ませている。

　以上の事案について、次の小問に答えよ。なお、各小問は独立した問いである。

1　Aは、詐欺を理由にCに対する売買の意思表示を取り消すことができるか。また取り消すことができたとして、その場合、AC間及びAD間の法律関係はどうなるか。

2　代金支払の履行期が過ぎても、Cが代金を払わないので、AはCに対して催告をしたうえ、債務不履行を理由に、Cとの契約を解除した。この場合、AC間及びAD間の法律関係はどうなるか。

■ 小問1について〔基礎編〕

　Aは、Bにだまされ、Cに対して意思表示をしている。したがって、これは「第三者の詐欺」（96条2項）である。そして、詐欺による意思表示は、原則として取り消すことができるが（96条1項）、「第三者の詐欺」の場合、意思表示の相手方が第三者の詐欺を知っているときに限って、表意者は意思表示を取り消すことができる（同条2項）。

　ところで、本問の場合、Bの詐欺はCの依頼によるものであるから、Cは悪意であり、AはCに対する意思表示を取り消すことができる。ただし、CがBに嘘をつくことを依頼している以上、これは第三者であるBの詐欺というより、C自身の詐欺と考えることも可能である。しかし、いずれにせよ、Aは意思表示を取り消すことができる。

　次に、取消しには遡及効があるから（121条本文）、AC間の契約は最初から無効であり、本件機械の所有権はAからCに移転しなかったことになる。すると、AはCに対して本件機械の返還のほか、使用料相当額の支払を請求することができる（703-704条、709条）。また、さらに損害がある場合には、その賠償を求めることもできる（709条。704条後段〔最判平成21・11・9民集63巻9号1987頁〕も参照）。

　なお、契約が無効であったり、取り消された場合、受益者が善意であるとすると、現存利益を返還すれば足りるとされる（703条）。しかし、特に双務契約においては、これではバランスの取れない帰結が導かれる可能性がある。すなわち、たとえば甲が乙に自己所有の不動産を売却し、代金を受け取るのと同時に、登記を移転し、引渡しもしたが、その後、甲が自身の意思表示の錯誤を理由に契約の無効を主張した場合、本来であれば、甲は乙に──利息を含め──代金を返還し、他方、乙は甲に対して不動産と使用料相当額を返還すべきであろう。ところが、代金を手にして急に気が大きくなった甲が普段ならしないような浪費をし、代金を使い果たしていたとすると、甲に「現存利益」（703条）はないから、何も返還しなくてよく、他方、乙は甲に不動産と使用料相当額を返還することになる（錯誤とは、実際の効果意思と表示行為から推測される効果意思が異なり、かつ、表意者がそのことを自覚していない場合を指すから、その意味で表意

者は「善意」である）。もちろん、錯誤者に不法行為責任（709条）を認めることで、このような不合理な帰結を回避することは可能であるが、そもそも「無効」とは当該行為がなかった状態に戻すことを目的としているから、返還の範囲を「現存利益」に限定するほうが奇妙ともいえる。そこで、最近では、特に双務契約の無効ないし取消しにおいては、——受益者の善意悪意を問うことなく——互いに受けた利益をすべて返還すべきであると説かれている（その意味では、契約の解除における原状回復義務〔545条1項本文〕と同じ帰結が導かれる）。

　もっとも、次の3点は注意を要する。

　第1に、以上はあくまで原則論であり、たとえば制限行為能力を理由とする取消しの場合には、制限行為能力者を保護する趣旨から、その者の返還の範囲は「現存利益」に限られる（121条ただし書）。これでは、上記のようなアンバランスが生じる可能性があるが、制限行為能力者を保護するためには、やむをえないと考えられている。

　第2に、上記の返還の範囲に関する議論はあくまで不当利得法に関するもので、違法な行為が存在する場合には、別途、不法行為責任が成立する。

　第3に、本問のCは「悪意の受益者」であるから、上記の議論を待つまでもなく、すべての利益をAに返還しなければならない（704条）。そして、実際の返還額は本件機械の使用料相当額であり、たとえばそれが月額30万円である場合、CがDから得た賃料が20万円であっても、Cの返還すべき額が20万円に縮減されることはない。他方、使用料相当額が15万円であるとき、やはりこの額が基準となるが、悪意の受益者に利得を残すべきではないとの趣旨から、状況によっては、20万円の請求まで認めるべきであるとする見解もある（返還の範囲に「制裁」という要素を盛り込むべきか否かという「難問」であり、「基礎」、「基本」を超えている）。

■ 小問1について〔応用編〕

　次にAD間の法律関係について検討してみよう。

　まずDがCから本件機械を賃借したとき、AはまだCに対する意思表示を取り消していないから、その時点ではCは本件機械の所有者であり、Dは所有者

5　動産の物権変動と動産賃借権の効力　　43

であるCから本件機械を賃借したことになる。しかし、Aの取消しによって、Cは最初から所有者でなかったことになるから（121条本文）、所有者でないCから本件機械を賃借したDは、原則として、真の所有者であるAに対して本件機械を返還しなければならない。

しかし、これではCが所有者であることを前提に、Cとの取引に入ったDの法的地位が取消しの遡及効によって覆されることになる。そこで、96条3項は、表意者は（善意の）第三者に対して意思表示の取消しを主張できないとした。そして、同項が「第三者」を取消しの遡及効から保護することを目的としている以上、この「第三者」とは「取消し前の第三者」をいい、また「第三者」は「善意」でなければならないとされる。本問のDは、AC間に取引関係があることを前提に、Aによる取消し前にCとの取引に入っているから、「第三者」といえる。したがって、AがだまされたことをDが知らなかった場合、AはDに対して意思表示の取消しを主張することができず、そのため、Dに本件機械の返還を請求することはできない。他方、AがだまされたことをDが知っていた場合、原則のとおり、AはDに本件機械の返還を求めることができる。

なお、これに関連して、次の3点は確認しておこう。

第1に、96条3項の「第三者」の主観的要件をめぐっては、善意のみならず、善意無過失まで求める見解が近時では有力である。

第2に、同じく「第三者」の要件をめぐり、対抗要件の具備まで要求する見解もある。すると、本問の場合、Dは動産の賃借人であるから、そもそも動産の賃借権に「対抗力」があるかどうかが問題となる（→動産の賃借権に「対抗力」がないとすると、「対抗要件」なるものは論理的に存在しないことになる）。もっとも、この点については、小問2で検討するので、以下では、とりあえず対抗要件を不要とする立場から検討を進める。

第3に、Aの取消しにより、Cは最初から無権利者であったことになるから、そのCから本件機械を借りたDは賃借権を即時取得できないかも問題となる（192条）。なぜなら、動産の賃借権も「動産について行使する権利」と解することが可能だからである。しかし、即時取得の対象となる権利は「物権」（所有権や質権）に限られ、賃借権のような「債権」は対象とされていない。こ

の理解の背景には、沿革的な理由も存在するが、売買契約（所有権移転の典型例）や質権設定契約と賃貸借契約との構造上の相違にも留意する必要がある。すなわち、たとえば売買契約にあっては、買主は通常代金を払って引渡しを受け、また質権設定契約にあっても、質権者は質物を受け取ったからこそ融資をした、という関係にある。このような状況のもと、もし即時取得が認められないとすると、買主や質権者は代金や被担保債権を回収できなくなるおそれがある。これに対し、賃貸借にあっては、賃料の支払は原則として後払であるから（614条）、真の所有者による返還請求が認められても、賃借人の受ける不利益は——買主や質権者に比べ——軽微である。また賃借人が賃借物に費用を投下していた場合、真の所有者にその償還を求めることもできる（196条1-2項）。つまり、真の所有者から返還請求を受けた場合、確かに賃借人に若干の不利益は生じるが（たとえば同種同等の物を市場から調達するには、費用や時間がかかる）、それは買主や質権者が受けるほどのものではなく、すると、動産賃借権の即時取得を認めてまで賃借人の保護を図る社会的必要性は乏しい、とされているのである。

　次に、Dが善意のため、Aの返還請求が認められないとすると、AD間の関係はどうなるであろうか。Dに対する賃貸人はCであるから、DはCに賃料を払い、AはCに本件機械の使用料相当額を請求することになりそうである（703-704条、709条）。しかし、——この点は第4講でも指摘したが——これでは法律関係が複雑になるし、またCに対する債権者が多数いるとき、DがCに対して支払った賃料について、Aはその全額を回収できないおそれがある（→債権者平等の原則）。しかし、そもそもCがDから賃料を得ることができるのは、Aの所有物をDに賃貸した結果であるから、Aは他の債権者よりも優先されてよいはずである。とすると、この場合、CD間の賃貸借契約はAD間に移転するという考え方もありうることになる。

　もっとも、次の2点は注意を要する。
　第1に、このような「賃貸人の地位の移転」は、不動産賃貸借を想定して展開された法理であり、動産の賃貸借について説かれたものではない。とりわけ本問のような機械の賃貸借の場合、DはCの技術力（たとえば本件機械のメンテナンスに関する能力）に期待して、Cと契約したかもしれず、Dの同意があるな

5　動産の物権変動と動産賃借権の効力　　45

ら格別、Dの同意がないときには、Dの状況に配慮したうえ、上記の法理の適用の可否を判断する必要がある。

　第2に、賃貸人の交代を認めるにしても、Cに対する意思表示を取り消しただけで、AがDに賃料を請求できるようになるわけではない。なぜなら、確かにAC間では、取消しの遡及効により（121条本文）、本件機械の所有権は最初からCに移転しなかったことになるが、Dとの関係では、取消しの遡及効を主張できない（96条3項）結果、Dは少なくともCと賃貸借契約を締結した時点では、Cが真の所有者であると見立てることができ、Dは真の所有者から本件機械を賃借したことになる。そして、その後、Aの取消しにより、──Dから見れば──Aが本件機械の所有権を取得したのであるから、DはAから見て178条の「第三者」に当たる。すると、AがDに自身の所有権と賃貸人たる地位を主張するには、対抗要件（＝引渡し。178条）を具備する必要がある。そして、本件機械はDの手許にあるから、この引渡しは指図による占有移転（184条）によってされることとなる。つまり、CがDに対して「以後、Aのために本件機械を占有するように」と連絡して、はじめてAはDに対して本件機械の所有権を主張し、賃料を請求できるようになるのである（それ以前は、DはCに対してのみ賃料支払義務を負っている。ただし、Dの側からAが所有者であることを認め、Aに賃料を支払うことは許されるであろう）。

　他方、Dが悪意のときは、AはDに対して本件機械の返還と使用料相当額の支払（703-704条、709条。190条1項も参照）を請求することができる。

■ 小問2について〔基礎編〕

　小問2では、AはCが代金を払わないので、Cとの契約を解除している。そして、契約が解除された場合、両当事者は互いに原状回復義務を負う（545条1項本文）。したがって、AはCに対して本件機械と使用利益の返還を求めることができる（なお、Cが代金の一部を払っていたとすると、Aに対して既払額とその利息を請求することができる〔545条2項〕）。

　またCの債務不履行により、Aが損害を被っているなら、Aはその賠償を求めることができる（415条前段、545条3項）。

■ 小問2について〔応用編〕

　AC間の契約が解除された場合、Dの法的地位はどうなるであろうか。解除の法的性質については、直接効果説、間接効果説、折衷説、という3つの考え方があるが、判例の立場であるとされる直接効果説によれば、契約の解除には——取消しと同様——遡及効があり（遡及効のない解除については、明文の規定が用意されている。620条参照）、その遡及効から第三者を保護するために545条1項ただし書が設けられたとされる。そのため、ここでいう「第三者」とは遡及効の影響を受ける者、すなわち、解除前にその契約関係を前提に取引に入った者を指すとされる。本問のDは、AC間に契約関係があることを前提に、Aが同契約を解除する前に、Cとの取引関係に入っているから、545条1項ただし書の「第三者」に当たる（なお、他の説を採っても、本問のDはこの「第三者」に該当する）。

　次に、545条1項ただし書の「第三者」について、判例通説は対抗要件の具備を要求している。その実質的理由は第4講で詳述したとおりである（「権利保護要件」といった用語法を含め、第4講を参照）。

　ところで、「対抗要件」とは、対抗力のある権利、つまり、万人に対して主張可能な権利について、それを現実に主張するために「必要とされる条件」を意味する。そして、万人に対して主張可能な権利とは、通常は「物権」であり、その代表例が所有権である。すなわち、本来、所有権は万人に対して主張することができるが、それは同時に万人が潜在的利害関係人であることを意味するから、実際に所有権を主張するには「対抗要件」を備えていなければならないのである（潜在的利害関係人が不利益を受けぬよう、所有者は万人に対して所有権の所在に関する情報を提供しなければならず、これを「公に対して権利の所在を示すこと」、すなわち、「公示」と呼ぶ。そして、この「公示」がされれば、万人に対する権利主張を認めて差しつかえないから、「公示」をすることが「対抗要件」としての意味を持つことになる）。「対抗要件」とは、当該権利が対抗力のあることを前提としている。

　これに対して、「債権」は、特定人の、特定人に対する権利であり、万人に対して主張しうるものではない（つまり、対抗力がない）。そして、賃借権は

5　動産の物権変動と動産賃借権の効力　　47

——少なくとも現行民法典では——「債権」として構成されており、そのため、対抗力は認められていない。もっとも、不動産の賃借権については、特別に対抗力が認められ、その旨の特則が設けられている（605条、借地借家法10条1項、同31条1項）。しかし、動産の賃借権について、この種の規定は存在しない。

もっとも、かつては動産賃借人の保護を図るため、——ドイツ法を参考にしつつ——動産賃借権の対抗力を認める見解も有力であった。この見解が手がかりとしたのは、直接的には——178条でなく——184条である。すなわち、賃貸人が賃貸目的物を譲渡する場合、賃貸人（＝譲渡人）から譲受人（＝新所有者）に対する引渡しは、（賃借人に対する）指図による占有移転（184条）によってされるが、同条にいう「以後第三者（＝新所有者）のためにその物を占有することを命じ」とは、——代理占有の継続が予定されている以上——賃借人に従前と同様の法律関係に基づいて（＝つまり、賃借人として）占有せよと命じることになるはずである、というのである（ややニュアンスは異なるが、この点については、内田貴・民法Ⅱ〔第3版〕(2011年) 234-235頁も参照）。しかし、このような説明は根拠に乏しく、また605条に相当する規定もないことから、現在ではあまり見かけない見解となっている。

そこで、もし動産の賃借権に対抗力がないとするなら、Dが対抗要件を備えることは論理的にありえないから、Dは545条1項ただし書の「第三者」には当たらないことになる。すると、Dとの関係でも解除の遡及効が貫徹され、AはDに本件機械の返還を請求することができる。またそのさい、Aは対抗要件を備えている必要もない。なぜなら、解除の遡及効によって、Cは最初から所有者でなかったことになり、すると、Dも無権利者であるCから本件機械を賃借した者とされるため、178条の「第三者」には当たらないはずだからである（ただし、ここに問題がある。詳しくは後述）。

次に、この場合、AがDに本件機械の使用料相当額を請求できるかも問題となる（703-704条、709条）。Dは正当な権原を有する者でないから、この請求も認められるように見えるが、善意の占有者は果実を取得することができ（189条1項）、そして、自己使用による利益も果実と同じに扱われるので、Dが自身を正当な賃借人と信じていたのであれば、Aによる使用料相当額の請求は認

められないことになる。

　これに対して、動産賃借権の対抗力を認める見解を採った場合、本件機械を占有しているDは対抗要件を備えているといえるから、AはDに本件機械の返還を請求することはできない。そして、その場合のAD間の法律関係は、基本的には小問1〔応用編〕で説明したのと同じことになる。

■ まとめ——特にAD間の関係について

　実際には同じ事案であるのに、詐欺取消しを理由にした場合、Aは（善意の）Dに本件機械の返還を請求することができず、他方、契約の解除を理由とした場合、この請求が認められるのは何故か。これは、詐欺取消しの場合、だまされた表意者にも落ち度があることを理由に、善意（ないし善意無過失）の第三者を保護するとの方針が採られているのに対し、解除の場合にはそのような方針は採られておらず、そのため、動産の賃借権に対抗力を認めるべきか否かに問題が集約されるからである。つまり、動産の賃借権は、対抗力を認めてまで保護する必要はないが、詐欺取消しにあっては、その利益状況に応じた形で、対抗力とは別個独立に、独自の保護が第三者に与えられているのである（96条3項の「第三者」に対抗要件の具備を求める説は、結果として、このような意味での独自の保護は必要ないと考えていることになる）。そして、そうであるなら、次の2点は確認しておく必要がある。

　第1に、小問1の事案でも、もしAが第三者Eに本件機械を売却し、指図による占有移転（184条）によって、Eが対抗要件を備えた場合、——動産賃借権に対抗力を認めない見解によると——EはDに本件機械の返還を請求できることになる。つまり、DはAとの関係で保護されるにとどまり、Aからの譲受人に対して賃借権を主張することはできない。

　第2に、小問2の事案で、AのDに対する返還請求を認めるのは、一見、545条1項ただし書の趣旨にそぐわないように感じられるが、Cが本件機械を第三者Fに売却し、指図による占有移転によって、Fが対抗要件を備えた場合、動産賃借権に対抗力を認める見解を採らない限り、DはFから本件機械の返還請求を受けることになる。すると、小問2では、このFがAになっただけ

5　動産の物権変動と動産賃借権の効力　　49

であり、つまり、動産賃借人の法的地位とはこの程度のものなのである。

もっとも、この事案で、Dは——Fとの関係で——178条の「第三者」とされるから、FがDに本件機械の所有権を主張するには、対抗要件を備える必要がある（指図による占有移転によることになろう）。他方、**小問2**では、解除の遡及効により、Dは無権利者であるCから賃借した者であるから、前述のとおり、Aは対抗要件を備えなくても、Dに権利主張できるはずである。しかし、これではAC間で解除の効力について争いがあるとき、Dがこの紛争に巻き込まれることになる（Aに本件機械を返還した場合、Cから責任追及をされ、逆にAに返還しないなら、Aから訴訟を起こされる）。AC間のトラブルに起因するこのリスクをDに負担させる理由はあるまい。DがCと本件機械の賃貸借契約を締結したとき、確かにCは本件機械の所有者だったのであり、さらにAには代金を受け取るまでCに本件機械を渡さないという選択肢もあったはずである。すると、Cから「以後Aのために本件機械を占有せよ」と命じられた場合に限り（つまり、Aが対抗要件を備えたときに）、DはAの返還請求に応じなければならないとすべきであろう。このような解釈は可能であろうか。

第1に、解除の遡及効を否定することが考えられる。しかし、これには620条との関係等、問題がある。

第2に、178条の「第三者」とは「対抗要件の欠缺を主張するに正当な利益を有する者」を指すが、AC間の紛争に巻き込まれかねないというリスクに照らし、Dは「正当な利益を有する者」に当たると解することが考えられる。しかし、実質的にはともかく、形式的にはDは——結果として——無権利者となったCから本件機械を賃借した者であり、無権利者からの承継人は「第三者」とされてこなかったはずである。

第3に、545条1項ただし書に関する判例理論の意味を抜本的に問い直すことが考えられる。すなわち、PがQに目的物を売却し、QがRに転売した後、PがQとの契約を解除した事例につき、判例はPR間の関係を「対抗関係」ととらえているようであり（第4講参照）、すると、PR間の関係は177-178条によって決せられ、545条1項ただし書は単に「Rとの関係で、Pは解除の遡及効を主張することができない」と定めているにすぎないことになる。すると、考えようによっては、このただし書の「第三者」について、「対抗要件」は実は

要求されていない、と解することも可能である（上記の事例でいうなら、QR間の転売契約の後に、PQ間の契約が解除されているが、Rから見た場合、この解除の時点でQからPへの〔復帰的〕物権変動が起こったことになる、ということ〔だけ〕を545条1項ただし書は規定していると解するのである）。しかし、根幹にふれるこの再構成には、厳密な学問的検証を要する。

「545条1項ただし書の『第三者』とされるには、対抗要件の具備が要求される」。これは、学習の面では――不動の――「基礎」、「基本」である。しかし、根拠を示して、その「基礎」、「基本」に疑いの目を向けること、これが学問的営為である。

▶物権、債権各論（契約）

6 不動産の物権変動と不動産賃借権の効力
——二重譲渡と賃貸人の地位の移転

[問題]

　Aは、自己所有の建物（以下、「本件建物」という。）をBに売却して引き渡し、その後、BはCに対して本件建物を賃貸して引き渡した。現在、本件建物にはCが住んでいる。

　ところが、AからBへの所有権移転登記がされていなかったため、Aは本件建物をDに対して二重に売却し、AからDへの移転登記がされた。なお、DがBやCの存在を知ったのは、自分（＝D）への移転登記がされた後であった。

1　Dは、Cに対して本件建物の引渡しを求めたい。そのためにDがするであろう法的主張を説明したうえ、これに対してCがするであろう法的反論を論じなさい。
2　(1)　Dへの所有権移転登記がされた時点において、BとCがそれぞれ相手方に対してどのような義務を負うかについて確認したうえ、
　　(2)　DがCに対して本件建物の引渡請求をしたとして、①この請求が認められると考えた場合と、②認められないと考えた場合のそれぞれについて、BC間の法律関係を説明しなさい。
　　　またDのCに対する引渡請求が認められないと考えた場合（＝②）については、CD間の法律関係も説明しなさい。

■ 小問1について〔基礎編〕

　DがCに対して本件建物の引渡しを求めるには、(α) Dが本件建物の所有者であることと、(β) Cの賃借権がDに対抗できないこととが要件とされる。

　まず(α)については、Dは、BやCの存在を知らずに(＝Dは〔背信的〕悪意者ではない)Aから本件建物を購入し、Bよりも先に登記を備えているから、本件建物の所有権を確定的に取得しており(177条)、この要件は満たされている。

　次に(β)については、Dは次のように主張すると考えられる。すなわち、

　(a)　Dは登記を具備することにより、本件建物の所有権を確定的に取得し、他方、Bは無権利者であることになる(177条)。

　(b)　そして、Cは、無権利者であるBから本件建物を賃借した者であるから、Dに対して賃借権を主張することはできない。

　(c)　なお、Cは本件建物の引渡しを受けており、建物賃借権の対抗要件を備えているように見えるが(借地借家法31条1項参照)、同項は真の所有者から建物を賃借する等、──所有者との関係で──正当な賃借権が存在することを前提とした規定であり、所有者でない者から建物を借りた賃借人は──その賃貸借が他人の物の賃貸借としては有効であっても(560条、559条)──所有者や第三者に対して賃借権を主張することはできない。

　これに対し、Cは(β)に関して次のように反論するものと思われる。すなわち、

　(d)　確かに登記を備えることで、Dは本件建物の所有権を確定的に取得し、他方、Bは無権利者となった(＝(a))。

　(e)　しかし、CがBから本件建物を賃借し、引渡しを受けたのはDが登場する前の段階であり、この時点での所有者はBであるから(176条参照)、Cは所有者Bから本件建物を賃借しており、Cの賃借権は正当な権限といえる。

　(f)　そして、Cは、この賃借権について、Dが登場する前に対抗要件を備えているから(借地借家法31条1項)、Dに対する関係でも賃借権を主張できる。

　以上が想定されるDとCの主張である。では、いずれの主張が妥当であろうか。この点を深めてみよう。

■ 小問1について〔応用編〕

　DとCの主張のうち、対立しているのは(b)と(e)である。そこで、Dとしては、(e)が(a)ないし(d)と矛盾していると主張することになろう。すなわち、
　ABDの間では、本件建物の所有権はAからDに——Bを経由することなく——直接移転しているはずであり（「A→B→D」ではなく、「A→D」という流れ）、となると、——Dとの関係で——Bに所有権が帰属したことはなく、そのため、BC間の賃貸借契約は——Dから見れば——他人の物の賃貸借にすぎない（＝(b)）。したがって、(e)の理解は成り立たず、またこのような所有権移転の経路については、最判昭和46・11・5民集25巻8号1087頁でも確認されている（同判決は「不動産の売買がなされた場合、特段の意思表示がないかぎり、不動産の所有権は当事者間においてはただちに買主に移転するが、その登記がなされていない間は、登記の欠缺を主張するにつき正当の利益を有する第三者に対する関係においては、売主は所有権を失うものではなく、反面、買主も所有権を取得するものではない。当該不動産が売主から第2の買主に二重に売却され、第2の買主に対し所有権移転登記がなされたときは、第2の買主は登記の欠缺を主張するにつき正当の利益を有する第三者であることはいうまでもないことであるから、登記の時に第2の買主において完全に所有権を取得するわけであるが、その所有権は、売主から第2の買主に直接移転するのであり、売主から一旦第1の買主に移転し、第1の買主から第2の買主に移転するものではなく、第1の買主は当初から全く所有権を取得しなかったことになるのである」とする）。

　これに対して、Cは、最判昭和46年は第1の買主における取得時効の起算点が争われたものであり、本問とは事案を異にしているとしたうえ（現に同判決は上記の一般論に続き、「したがって、第1の買主がその買受後不動産の占有を取得し、その時から民法162条に定める時効期間を経過したときは、同法条により当該不動産を時効によって取得しうるものと解するのが相当である」としている。そして、「自己の物」についても取得時効が成立しうる〔最判昭和42・7・21民集21巻6号1643頁〕と考えられるなら、上記の一般論に依らなくても、最判昭和46年と同じ結論を導くことができるから、この一般論は決定的なものとはいえない）、次のように主張するであろう。すなわち、

たとえば甲が乙に土地を売却して引き渡した後、丙が同土地を不法占拠した場合、乙は登記を備えていなくても、丙に対して所有権を主張することができるから、丙に土地の引渡しと損害賠償を請求することができ、その後、甲が同土地を丁に二重に譲渡し、丁が登記を備えたとしても、――丁が登記を備えた時点で、乙は無権利者となるから、その時点以降、乙は丙に同土地の引渡しを求めることはできないものの――丁が登場するまでの間、丙が不法占拠していたのは乙の所有していた土地であるから、乙は丙に対してその間の損害賠償は請求することができる（＝丁が登記を具備したからといって、乙の丙に対する損害賠償請求権が遡って消滅するのは奇妙である。丙は不法占拠者であるから、誰かに損害賠償をしなければならず、かつ、それは丁に対してではない〔＝丁はこの間まだ甲から土地を買っていない〕。すると、損害賠償の主体は甲か乙であるが、土地の所有権は甲から乙に移転し〔176条〕、かつ、丙が177条の「第三者」に当たらない以上、損害賠償の主体は乙のはずであり、また実際にも、丙が丁の登記具備を乙に対して主張し、乙に対する損害賠償義務を免れうるとするのはバランスを失している）。とすると、甲乙丁の間では、所有権は確かに――乙を経由することなく――「甲→丁」と移転すると考えられるが、それは第三者から見て、（かつて）乙に所有権が帰属していたことまで否定するものではないはずである。

　このように、理屈としては、いずれも成り立つ（ただし、形式論理としてはDの主張のほうが簡明であろう）。では、判例や学説はどのように考えているのであろうか。

　まず大判昭和4・3・1民集8巻3号152頁は、本問のCについても、(旧)借家法1条1項（現在の借地借家法31条1項に相当）が適用されるとした。もっとも、事案としては、――CがDに対して賃借権を主張できることが前提とされてはいるものの――Dに対して賃料を払っていなかったCが、Dによる賃貸借契約の解除を否定するため、賃貸借関係がCD間に移転したことを否定しようとしたもので、本問とは事情を異にする。しかし、同判決の評釈である吾妻光俊・法学協会雑誌48巻4号632頁（1930年）は、CがDに対して賃借権を主張できるか否かを中心に論じ、(旧)借家法1条の精神からこれを肯定した（Cに建物の引渡しがされたことは「一種の中間省略的の公示」である、という。CはAとの関係で賃借権を主張することができ、かつ、そのCが借家法上の対抗要件を備えている

ことから、このような比喩的表現をしたものと思われる）。そして、大判昭和5・5・28法律新聞3139号13頁（大判昭和4年と同一の紛争に関わる事件である）では、Cの賃借権の効力が問題とされ、これをDに主張できるとした原判決が支持された。

　学説にあっても、広瀬武文・借地借家法（1950年）177頁及び我妻栄・債権各論中巻1（1957年）517頁は、CはDに対して賃借権を主張できるとして、上記の2つの大審院判決を肯定的に引用し、幾代通＝広中俊雄編・新版注釈民法15〔増補版〕（1996年）350頁〔幾代通〕でも、これらの判決を前提とした解釈論が展開されている。

　以上のように、判例学説では、Cの主張を認める見解が有力である。ただし、大審院判決はいずれも（旧）借家法（1921年）制定後、10年足らずのうちに下されたもので、「借家人の保護」という当時の時代思潮から強い影響を受けており（上に挙げた昭和期の文献も同様であり、このほか、大判昭和4年に対する評釈である末川博・法学論叢22巻4号（1929年）567頁も、借家人の保護という借家法の精神を解釈論の拠り所としている）、今日的な妥当性については検証を要するし、学説にあっても、それほど議論が蓄積されているわけではない。したがって、Dの主張を「採るに足りない形式論理」と言い切ることはできず、いずれの立場もありうるという意味で、小問1はかなりの「難問」である。

　なお、これに関連して、次の3点は注意を要する。

　第1に、CがDに対して賃借権を主張できるとの立場を採ったとしても、ABDの間では、所有権は「A→D」と直接移転すると観念されるのであり、「A→B→D」と移転するわけではない（Dに対する売主はAであって、Bではない。これは「基礎」、「基本」である）。

　第2に、PがQに建物を売却して引き渡したが、代金が未払なので、登記はP名義のままにしていた事案において、もしQが同建物をRに賃貸して引き渡したとすると、その後、PがQの代金不払を理由にQとの売買契約を解除しても、RはPに対して賃借権を主張することができる。Rは、PQ間の契約を前提として、Pによる解除前にQとの取引関係に入り、かつ、対抗要件を備えているため、545条1項ただし書の「第三者」に当たるからである（Pには、代金未払を理由にQに建物を引き渡さないという選択肢もあった点に注意）。そして、この

場合、QR 間の賃貸借関係は PR 間に移転することとなるが（第4講参照）、その後、PがSに建物を譲渡したとすると、RはSに対して賃借権を主張することができ、その結果、賃貸借関係は RS 間に移転することになろう。

さて、この解決と小問1とを見比べるなら、小問1のCはDに対する関係でも賃借権を主張できると考えたほうが整合的であるように感じられる。なぜなら、小問1で、AからBに移転登記がされなかった理由は明確でないが、これがBの代金不払によっているなら、AがBとの契約を解除したうえ、Dに本件建物を売却した場合、CはDに対して賃借権を主張できるのに、AがBとの契約を解除しないで、Dに本件建物を売却した場合、CがDに賃借権を主張できないとすると、アンバランスだからである。またAがBとの契約を解除できる場合でさえ、Cの賃借権が保護されるなら、そうでない場合、Cの賃借権は一層保護されてよいはずである。

もちろん、直接効果説によれば、545条1項ただし書は——本来であれば保護されないはずの——第三者を保護するために特に設けられた創設的な規定であるから、この種の規定を欠く場合には、第三者は保護されないという考えもありうる。しかし、直接効果説は、解除に遡及効があることを前提に、第三者との関係で遡及効を制限することに同項ただし書の存在理由を見出すのであるから、そこでの第三者の法的地位に関する解決方法は解除がされていない事案（→遡及効が存在しない事案）における解決方法の「指針」ともなりうるはずである。すると、契約が解除された場合と小問1とで解決を異にするのであれば、その理由が実質的に説明される必要がある。

第3に、CはDに対して賃借権を主張できるとの立場を採った場合、その議論の射程、すなわち、Dの登場時期が問題となる。

小問1では、DがAと本件建物の売買契約を締結したのは、CがBから本件建物の引渡しを受けた後であった。では、まずAが本件建物をBとDとに二重に譲渡し、次にCがBから本件建物を賃借して引渡しを受けた後、Dが移転登記を具備したとすると、CD間の関係はどうなるであろうか。小問1よりも一層微妙な問題といえるが、CがBから本件建物を賃借した時点で、既にBD間は二重譲渡関係となっており、BはDに対する関係では——登記を備えていないため——所有権を主張できないものの、不法占拠者との関係では所有権を主

張することができるはずであり（もちろん、Ｄも不法占拠者に対して所有権を主張することができる）、すると、やはり——確定的ではないが——Ｂには所有権が帰属しているということができる。したがって、そのＢから本件建物を賃借したＣは借地借家法31条１項の保護を受けうるとされることになろう。

これに対して、Ｄが登記を備えた後に、ＣがＢから本件建物を賃借して引渡しを受けた場合、Ｄが登記を備えた時点で、Ｂは無権利者となるから、Ｃは権利のないＢから本件建物を賃借したことになる（＝純粋な他人物賃貸借）。すると、Ｃには正当な権限が認められず、本件建物の引渡しを受けたとしても、Ｄに対して賃借権を主張できないこととなる。

■ 小問２(1)について

Ｄが登場する前の段階では、ＢＣ間の賃貸借契約は所有者であるＢがする——通常の——賃貸借であり、ＢはＣに対して「使用収益させる義務」を負い、ＣはＢに対して賃料支払義務を負う（601条）。

次にＤが移転登記を備えた後の段階では、たとえＣがＤに対して賃借権を主張することができるとの立場を採ったとしても、Ｂは無権利者であるから、ＢＣ間の関係は他人の物の賃貸借となる（ただし、後述のとおり、ＢＣ間の賃貸借関係はＣＤ間に移転するとも考えられる）。しかし、他人物賃貸借も契約としては有効であり（560条、559条）、また他人物賃貸借においては、貸主が借主に使用収益させる方法として、貸主が真の所有者から目的物の所有権を取得する方法（560条参照）のほか、貸主が真の所有者から目的物を借り、それを——真の所有者の承諾を得て——借主に転貸する方法等もありうることから、結局、他人物賃貸借において貸主が負担するのは借主に目的物を「使用収益させる義務」であるとされている。そして、借主は貸主に対して賃料支払義務を負うから、結局、この限りでは、真の所有者が貸主として目的物を賃貸した場合と違いはないことになる。

このように、Ｄが登記を具備した時点におけるＢＣ間の法律関係は——もしそこに賃貸借契約が残存していると解するなら——他人の物の賃貸借となるが、ＢがＣに「使用収益させる義務」を負い、ＣがＢに賃料支払義務を負う、

という意味では、所有者を貸主とする通常の賃貸借と変わりないこととなる。

なお、Ｄが登記を備えた時点で、本件建物の所有権は──Ｂを経由することなく──「Ａ→Ｄ」と移転すると観念される結果、ＢＣ間の契約がその締結時点に遡って他人物賃貸借であることになるかも問題である。そして、このような考え方も論理的には可能であり、またこの立場に採った場合、ＣはＤに対して賃借権を主張できないことになる（小問１参照）。ただし、この立場にあっても、ＢがＣに対して「使用収益させる義務」を負い、ＣがＢに対して賃料支払義務を負うことに変わりはない。

■ 小問２(2)について

①の立場から考えてみよう。

第１に、「Ｄが登記を具備することによって、ＢＣ間の賃貸借契約は契約締結時点に遡って他人物賃貸借となる」と解した場合、ＣはＤに対して賃借権を主張できないこととなる。そして、この立場にあっても、ＢはＣに対して「使用収益させる義務」を負うが（小問２(1)参照）、Ｂがこの義務を履行できない場合、ＢはＣに対して担保責任を負うことになる。

ところで、担保責任における損害賠償の範囲は信頼利益であり、通常の債務不履行におけるそれ（＝履行利益）と異なる、と説かれることがある。すると、ＣがＢに損害賠償を請求する場合、その根拠をどちらの責任に求めるかで、賠償の範囲に違いが出てくるように思える。しかし、少なくとも本問の場合には、ＣはＢに履行利益の賠償まで求めることができよう。なぜなら、他人物売買において、売主が債務を履行できないことについて帰責事由がある場合、売主は──担保責任だけでなく──通常の債務不履行責任を負うとされており（最判昭和41・9・8民集20巻7号1325頁参照）、本問にあっては、Ｂには本件建物の登記を自分の名義にしなかったという帰責事由が認められるので、ＢはＣに対して通常の債務不履行責任（＝履行利益の賠償）を負うからである。

またＣはＢに対して賃料支払義務を負うが、ＤがＣに対して「本件建物は自分（＝Ｄ）の所有物である」と名乗り出たとすると、ＣはＢへの賃料支払を拒むことができ（576条、559条）、さらにＤがＣに本件建物の引渡しを求めた場

合、BC間の賃貸借契約は履行不能によって消滅することになろう（詳しくは、第4講参照）。

　以上は「Dが登記を具備することによって、BC間の賃貸借が遡って他人物賃貸借になる」と考えた場合の問題解決であるが、これと異なる考え方、すなわち、「BC間の賃貸借は、Dが登場する前は、通常の賃貸借であるが、Dが登記を具備した時点以降、他人物賃貸借となる」という考え方を採ったとしても、①の帰結を導けないわけではない。なぜなら、「Dが登記を具備した時点以降、他人物賃貸借となる」という部分を強調した場合、Cは——Dとの関係では——専ら他人物賃貸借に基づき本件建物を占有しているにすぎないため、Dに対して賃借権を主張できない、と解することができるからである。

　もっとも、この第2の立場を採ったとしても、具体的な問題解決の面では、第1の立場（＝「BC間の賃貸借契約は契約締結時点に遡って他人物賃貸借となる」）と差は出てこない。つまり、BC間における（当初の）賃貸借を通常の賃貸借と考えたとしても、その後、それが結果として他人物賃貸借に転化し、Cが本件建物を使用できなくなったとすると、Bにはこの不履行について帰責事由があるから（＝BはDに先だって本件建物の登記を備えるべきであった）、CはBに対して通常の債務不履行責任を追及することができる。またDが登記を具備した時点で、BC間の関係は他人物賃貸借となるから、DがCに所有者である旨を名乗り出た場合、CはBに対する賃料支払を拒むことができ、さらにDがCに本件建物の引渡しを求めた場合、BC間の賃貸借契約は履行不能によって消滅するのである。

　このように、①の立場を採ったとしても、BC間の賃貸借契約が遡って他人物賃貸借になるか否かについては、考え方は分かれうる。しかし、いずれの立場を採っても、実際の問題解決に相違がもたらされることはほぼないであろう。

　これに対して、②の立場を採るためには、「BC間の賃貸借は、Dが登場する前は、通常の賃貸借であるが、Dが登記を具備した時点以降、他人物賃貸借となる」と考えたうえ、「BC間の賃貸借は、Dが登場する前は、通常の賃貸借である」という部分を強調する必要がある。つまり、Bが所有者であるうちに、CはBから本件建物を賃借しているから、Cは正当な権限を有している状況のもとで、この権限に基づき引渡しを受けているので（＝対抗要件具備）、C

の賃借権には対抗力が認められ、Dに対する関係でも賃借権を主張することができる、と考えるのである（小問1参照）。

しかし、このように解したとしても、BC間の賃貸借契約が、Dが登記を備えた時点以降、結果として他人物賃貸借になることに変わりはない。ただし、CはDに対して賃借権を主張できるから、DはCに本件建物の引渡しを請求することはできず、そこで、Dとしては、CがBに対して支払った賃料（②の立場を採った場合、Cが本件建物を引き続き使用できる以上、Bは「使用収益させる義務」を結果的に履行していることになり、CはBに賃料を払わねばならない）を不当利得としてBに請求することになる（703-704条）。しかし、これでは法律関係が複雑になる。そこで、特段の理由がない限り、BC間の賃貸借関係はCD間に移転すると考えることになろう（この点については、第4講も参照）。

XがYに不動産を賃貸し、Yが賃借権の対抗要件を備えた後、Xが同不動産をZに売却して移転登記がされた場合、XY間の賃貸借関係はYZ間に移転する。しかし、この設例の場合、所有権は「X→Z」と移転しており、これと本問とを同じに扱ってよいかは一考を要する（本問の場合、「B→D」という流れの所有権移転は観念されない。小問1参照）。しかし、XY間の賃貸借がYZ間に移転すると解するのは、法律関係を簡明、かつ、バランスの取れたものにするとの趣旨に由来しており、XZ間の合意を根拠とするものではないし、ときにXZ間の合意に反してでも賃貸借関係の移転が認められることがある（最判平成11・3・25判時1674号61頁参照）。すると、本問においても、これと同じ趣旨から、BC間の賃貸借契約がCD間に移転すると考えることは可能であるし、現に大判昭和4年はこのような移転を否定した原判決を破棄して、移転を認め、また大判昭和5年でもこの判断が維持されている。

物権変動の「基礎」、「基本」からすれば、Dの主張が素直なように感じられる。しかし、借地借家法の趣旨や解除の場合とのバランスを考えるなら、Cの主張のほうが適切なようにも思える。このため、本問では、2つの考え方がありうることを前提に、各々の考え方の根拠が問われている。1つの考え方に（のみ）拘泥することなく、ときに複数の考え方について思考実験を行うこと、これも学習の「基礎」、「基本」である。

▶物権、担保物権、債権各論（契約）

7 不動産の物権変動と付合
―請負契約における所有権帰属

[問題]

1　AはBに建設途上の建物をBに売却し、BはAに売買代金を支払った後、追加工事をして、その建物を完成させた（以下、この完成した建物を「本件建物」という。）。ところが、本件建物が完成した後、Aは本件建物についてA名義の保存登記をしたうえ、本件建物を——AB間の事情を知らない——Cに売却し、Cに対する移転登記がされた。

　以上の事案につき、次の(1)(2)の場合、本件建物の所有者が誰であるかを説明しなさい。

(1)　AがBに建設途上の建物を売却した時点では、同建物の屋根と外壁は完成しており、Bがしたのは本件建物の内装工事だけであった場合。

(2)　AがBに建設途上の建物を売却した時点では、同建物は骨組みがされていただけで、屋根や外壁はまだ取り付けられておらず、Bがこれらの工事を行って、本件建物を完成させた場合。

2　XはYに建物の建築を依頼し、Yはその工事を途中まで行ったが、請負代金が払われなかったので、工事を中止したところ、XはZに残りの工事をさせ、Zがその建物を完成させた（以下、これを「本件建物」という。）。ただし、XはZにも請負代金を払っていない。

　この場合、本件建物の所有者は誰か。

■ 小問1⑴について〔基礎編〕

　小問1⑴では、AがBに建設途上の建物を売却した時点で、この建物は既に一個の独立した不動産となっている。なぜなら、既にその時点で建物の屋根と外壁が完成しているからである（＝外気遮断性。大判昭和10・10・1民集14巻18号1671頁も参照）。すると、その後、内装工事はされているが、本件建物の最初の所有者はAであって、Bではない。そして、本件建物の所有権は、AB間の売買契約によってAからBに移転することになる。

　すると、次にAがした保存登記の効力が問題となるが、これは真正な登記である。なぜなら、本件建物の最初の所有者は実際にAだからである。確かにAが保存登記をした時点では、本件建物の所有権はAからBに移転しているが、AがBに対する契約上の義務（特に登記移転義務）を履行するためには、Aは自己名義の保存登記をしておく必要がある。このような事情もあって、Aの保存登記は真正で有効なものとされる。

　ところが、Aは本件建物をCに二重に譲渡し、Cに対する移転登記がされている。つまり、Aが原始取得した本件建物について、BとCへの二重譲渡がされているのであり、そのため、BC間の関係はいわゆる「対抗関係」となる（177条）。そして、登記を具備したのはCであるから、登記の時点で、Cは確定的に所有権を取得し、他方、Bは無権利者となる。

　では、この場合、もしBが本件建物を占有していたとすると、BはCに対して留置権を主張することができるか。何を被担保債権として想定するかによる。

　まずCが登記を備えることで、AのBに対する売買契約上の義務は履行不能となり、その結果、BはAに対して損害賠償債権を有することとなった。そのため、Bはこの債権を被担保債権として、Cに対して留置権（295条1項本文）を主張することが考えられる。しかし、このような事案にあっては、物と債権との牽連関係が否定され、留置権は認められないとするのが一般的な理解である（最判昭和43・11・21民集22巻12号2765頁）。

　次に、本問の場合、Bは本件建物につき内装工事を行っている。この工事費用は必要費ないし有益費とされようから、占有者であるBは所有者であるCに

7　不動産の物権変動と付合　　63

対して償還請求をすることができる（196条1-2項）。そして、この償還請求権を被担保債権と考えた場合には、この請求権は「物に関して生じた債権」（295条1項本文）といえるから、留置権が認められることとなる。

確かにBが内装工事をした時点では、本件建物の買主はBしかおらず、そのため、Bを「他人の物の占有者」（295条1項本文）と解してよいかは問題である。しかし、BがCに対して償還請求権を得るのは、Cが登記を具備した時点であるが（＝それ以前の段階では、Bが無権利者であることは確定していないので、「Bは自己所有の建物に工事をしたにすぎない」と解されることになる）、その時点ではCが確定的な所有者とされ、他方、Bは無権利者となっているから、「他人の物」という要件は結果として満たされていることになる。また実質的に考えても、もしBがAから内装工事を頼まれた者であった場合、BはCに対して留置権を主張することができ（もっとも、BがAの履行補助者的立場にある者であるときには、BはCに対してAと異なる権利関係を主張することができないから〔最判平成5・10・19民集47巻8号5061頁〕、上記のようなBの留置権の主張は否定される）、これとのバランスからしても、本問において、Bに——工事費の償還請求権を被担保債権とする——留置権を認めてよいように思われる。

■ 小問1(2)について〔基礎編〕

小問1(2)では、AがBに売却した建設途上の建物はまだ独立した不動産となっていない。屋根も外壁も取り付けられていないからである（大判大正15・2・22民集5巻2号99頁、同昭和8・3・24民集12巻5号490頁）。そして、Bはまだ不動産になっていない建前を購入し、これに工事をすることで一個の独立した不動産にしているから、本件建物の最初の所有者はAではなく、Bである。すると、(1)と異なり、BC間の関係は二重譲渡ではなく、Bは所有者、Aは無権利者、そして、Cはその無権利者であるAからの承継人であることになる（なお、AC間の関係は純粋な他人物売買である）。

確かに本件建物につき、Aは保存登記をしている。しかし、Aが本件建物の所有者であったことはないから、この保存登記は実体を欠く虚偽の登記であり、また登記に公信力は認められていないから、CがA名義の保存登記を信じ

て、Aとの取引関係に入ったとしても、Cが本件建物の所有権を取得することはない。

　このように、(2)では、Bが真正な所有者であり、AとCは無権利者である。そして、Bは登記を備えていないが、177条にいう「第三者」とは「登記の欠缺を主張する正当な利益を有する者」をいい、無権利者や無権利者からの承継人はこれに当たらないから、Bは登記を備えていなくても、AやCに対して所有権を主張することができる。

■ 小問1について〔応用編〕

　上記のとおり、(1)と(2)では、問題解決が全く異なることとなる。そして、その理由は上で説明したとおりであるが、このような解決は次の実質的な考慮からも正当化することができる。すなわち、

　(1)では、AB間の売買契約が締結された時点で、本件建物は既に独立した不動産となっているから、保存登記が可能であり、すると、Bとしては、まずAに保存登記をさせ、そのうえでBへの移転登記とAへの代金支払とを同時履行関係にしておけば、このようなトラブルを回避することができる。つまり、Bには自己防衛の機会があったのであり、その努力を尽くさなかったBがCに劣後してもやむを得ないといえよう。

　これに対して、(2)では、BがAと売買契約を締結した時点では、建物はまだ独立した不動産となっていないから、保存登記をすることは法的に不可能である。すると、Bには(1)におけるような自己防衛の機会がなく、――CをBに劣後させるのは確かに取引安全を害するが――登記に公信力を認めていない現行法制のもとでは、真の所有者であるBが所有権を維持し続けることになる。

　ところで、新築建物にあっては、小問1のように、それを原始取得した者が誰であるかによって、その後の問題解決が変わってくることがある。特にこの点が問題となる請負契約に則して、問題の構造を説明しておこう。

　まず、①請負人である甲が、注文者である乙との請負契約に基づき建物を建築したが、同建物について自己名義（＝甲名義）の保存登記をしたうえ、これを丙に売却して、登記も丙名義にした場合、乙丙間の関係はどうなるであろう

か。

　この場合、（α）もし建築材料の供給者が甲であるなら、原則として、甲が完成した建物の所有権を原始取得する（大判明治37・6・22民録10輯17巻861頁等を参照）。すると、甲名義の保存登記は真正なものであり、また乙丙間の関係は二重譲渡であることになる（＝小問1(1)）。したがって、丙が登記を備えた時点で、丙が確定的な所有者となり、他方、乙は無権利者となる。

　これに対して、（β）注文者に所有権を帰属させるとの特約があった場合（大判大正5・12・13民録22輯2417頁）や注文者が材料の主要部分を供給していた場合（大判昭和7・5・9民集11巻8号824頁）、あるいは建物完成前に注文者が請負代金の全額を請負人に支払っており、注文者に所有権を帰属させるとの暗黙の合意が推認できる場合（大判昭和18・7・20民集22巻15号660頁）には、建物の所有権は完成と同時に注文者に（原始的に）帰属するから、上記の甲と丙は無権利者及びその承継人であり、乙丙間の関係は二重譲渡とはならない（＝小問1(2)）。すると、乙は丙に対して――登記を具備していなくても――建物の所有権を主張できることとなる（なお、甲名義の保存登記はされているが、それは実体の伴わない無効なものである）。

　このように、上記①の問題構造は小問1と同一である。ただし、小問1と異なり、（α）と（β）との解決の相違を乙による自己防衛の可能性という観点から説明することは困難である。確かに（α）の場合には、小問1(1)と同様、乙は自身への移転登記と甲への代金支払を同時履行関係にすることで、自己防衛をする機会がある。ところが、（β）にあっても、建物の所有権の帰属は甲乙間の合意によって定めることができるから、まずは甲に原始取得させて同人名義の保存登記をさせ（小問1(2)と異なり、建物が完成している以上、このような方法を取ることができる）、そのうえで、乙への移転登記と甲への代金支払を同時履行関係にするなどの方法も考えられるのである（ただし、この方法を取った場合、甲の保存登記と乙への移転登記という2つの登記について登録免許税等の手続費用がかかるから、直接乙名義の保存登記をする場合に比べ、費用がかさむ〔実務で中間省略登記が利用されるのは、このような費用を勘案してのことである〕。そのため、現実的な方法とはいえないが、法的には選択可能であり、小問1(2)で完成前の建物について保存登記をすることが法的に不可能であるのとは事情を異にする）。

以上のとおり、（α）のみならず、（β）にあっても、乙には自己防衛の機会がないとはいえず、にもかかわらず（α）と（β）とで取扱いが異なるのは、まずは所有権の本来の所在を確定し、そのうえで、これに——場合により——公示の原則による制限を及ぼす、という物権法の基本構造が根底にあるためである。確かに（β）の場合、丙は不測の不利益を受けるが、——甲以外の——真の所有者が存在し、かつ、登記に公信力が認められていない以上、これは必然的な帰結ともいえる（なお、（β）の場合、——請負人ではなく——注文者に所有権が帰属すると解した場合、今度は請負人からの譲受人の取引安全が害されることとなる）。

では、②請負人である甲が注文者である乙との請負契約に基づき建物を建築したが、乙が同建物について乙名義の保存登記をしたうえ、これを丁に売却して、登記を丁名義にした場合、甲丁間の関係はどうなるであろうか。

この場合、（γ）もし乙がこの建物の所有権を原始取得していたとすると、丁はその乙から同建物を購入しているから、同建物の所有権を取得する。また乙名義の保存登記と丁への移転登記は真正で有効なものである。ただし、甲がこの建物を占有し、かつ、乙が甲に請負代金を支払っていないとすると、甲は留置権を主張することができ、乙から請負代金の支払を受けるまで、丁の——所有権に基づく——引渡請求を拒むことができる（もっとも、丁が実質的な注文者で、乙が元請負人、甲が乙から一括下請負の形で工事を請け負った下請負人であったときには、前掲最判平成5年によって、甲は丁に対して乙と異なる権利関係を主張することができない結果、丁が乙に代金を払っていたときには、甲が乙から請負代金の支払を受けていなかったとしても、甲は丁に対して留置権を主張できないこととなる）。

これに対して、（δ）甲が建物の所有権を原始取得したとすると、乙名義の保存登記は虚偽のものとなる。なぜなら、確かに甲乙間には契約関係があり、また物権の移転は意思表示のみによってすることができるが（176条）、甲に建物所有権の原始取得を認めるのは、乙への所有権移転及び建物引渡しと甲への代金支払とを同時履行関係にするためであり、かつ、所有権移転の時期は当事者の合意によって定めることができるから、建物の所有権は甲に原始的に帰属するとともに、乙から代金支払がされるまで乙に移転することはないと解すべきはずだからである。すると、乙が甲に代金を払っていない場合には、乙は建物の所有権を得ておらず、乙から同建物を購入した丁も所有権を取得しないこ

7 不動産の物権変動と付合　　67

とになる。またたとえ丁が乙名義の保存登記を信頼して取引関係に入ったとしても、登記に公信力はないから、丁が建物の所有権を得ることはない。

このように、（δ）にあっては、そもそも丁は所有権を得ることができない。したがって、丁への所有権移転が肯定される（γ）と比べ、丁の利益を害しているように見える。そして、（δ）の解決を（γ）の解決と同じにするには、──学説上は有力である──注文者帰属説を採ればよい。

しかし、注文者帰属説を採ったとしても、（γ）で示したとおり、甲は丁に対して留置権を主張できるから、これによって丁の法的立場が有利になるとは考えにくい。また丁から見て、甲が乙の履行補助者的立場にある者であるときには、請負人帰属説を採ったとしても、甲は丁に対して乙と異なる権利関係を主張することができないから（前掲最判平成5年）、丁が乙に代金を支払っていたとすると、甲は丁に対して自身の所有権を主張することができず、ここでも請負人帰属説と注文者帰属説とで有意な差は生じない。

以上のように、②における問題解決のポイントは、丁が──形式的に──所有権を取得するかどうかではなく、乙から甲への代金支払がされていない場合の、甲の代金債権担保がどのような法的構成を通じて実現されるかである。建物の所有権が注文者に原始的に帰属すると解した場合、代金債権担保は留置権によることになり（＝（γ））、請負人が所有権を原始取得するとしたときには、所有権の所在を通じて代金債権担保が図られることになる（＝（δ））。そして、前掲最判平成5年におけるような特殊な事情が認められる場合には、いずれの構成を採ったとしても、甲の代金債権担保が否定されるとの結論に至るのである。

小問2について

小問2では、XY間とXZ間には契約関係があるが、YZ間に契約関係はない。そのため、──小問1では登場することのなかった──添付（242-248条）という法制度により、問題解決が図られることになる。そこで、まずこの点を確認しておこう。

小問1(2)の場合、AB間では未完成の建物について売買契約が締結されてお

り、同建物の所有権はBに移転している（176条。なお、AB間では代金支払もされている）。つまり、Bは自己の所有物に工事をしているのであって、そのため、添付は問題とならない。なぜなら、添付とは、所有者を異にする物が一体化したり、あるいは所有者でない者が目的物に手を加えた場合に適用される制度だからである。たとえば自己所有の材木に自身で彫刻を施し、仏像を仕上げたとしても、これは加工には当たらない（246条1項本文参照）。

　次に当事者間に契約関係がある場合、所有権の所在は契約の解釈によって決せられ、通常、添付は登場しない。たとえば家主さんが大工さんに屋根のペンキ塗りを頼んだ場合、ペンキの分子が屋根に——分離不能な形で——付着しても、動産の付合（243条）や加工（246条1項本文）が問題とされることはまずない。屋根に付着したペンキの分子の所有権は家主さんに移転するが、これは請負契約の（合理的）解釈によってそうなるのであって、付合や加工の効果ではない。付合や加工が登場するのは、屋根に塗ったペンキの所有者が大工さんではなく、別の第三者であったときである。この場合、家主さんと大工さんとの間に請負契約があっても、これによって——ペンキの真の所有者である第三者から家主さんへの——ペンキの分子の所有権移転を正統化することはできない。そこで、添付制度が登場するのである。

　このように、添付とは、本来、契約関係にない、あるいは当該契約では所有権移転を正統化することのできない場合に登場する制度であり、そのため、小問1(2)でこれが用いられることはないのである。

　さて、小問2では、XY間とXZ間には契約関係が存在する。したがって、もしもXがYに請負代金を支払い、またZにも請負代金を支払っていた場合、XY間とXZ間の請負契約の（合理的な）解釈によって、本件建物の所有権はXに帰属するとされることになる（Yが施工した部分の所有権はXに移転し、そこにX自身がさらに工事をしたのと同じである）。これは契約の効果であって、添付制度から導かれるものではない。またYへの支払さえされていれば、Zへの支払がされていなくても、XはZに自己（＝X）の所有物に関する工事を依頼したことになるから、本件建物の所有権の帰属はXZ間の契約によって決せられることになる（このさい、当事者の意思が明らかでないなら、当事者の意思を推し測るための手がかりとして添付制度が参照されることはある。しかし、これは、本来、添付

7　不動産の物権変動と付合　　69

制度が想定していた事例ではない)。

ところが、**小問2**では、Zのみならず、Yへの代金支払もされていない。すると、——工事部分の所有権帰属について特約があれば別であるが——通常、Yが工事した部分の所有権はYに帰属し、Zのした部分の所有権はZに帰属する。そして、この2つの部分が一体化して本件建物となり、かつ、YZ間に契約関係はないから、結局、建物の所有権の帰属を判断するにあたって、「契約の（合理的）解釈」というスキームを用いることはできない。そのため、**小問2**では、添付制度が登場するのである。

すると、次に問題となるのは、本件建物の所有権帰属を動産の付合に関する規定（243条）に基づいて判断するか、加工に関する規定（246条）によって定めるかである。この点につき、最判昭和54・1・25民集33巻1号26頁は加工の規定（246条2項）によるとした。建物の価格とは材料の価格に工事費用を加えたものであろうが、このように解すれば、——材料費だけでなく——工事費用も所有権の帰属を判断するさいに斟酌しやすくなるであろう。

しかし、学習における「基礎」、「基本」とは、本問においては、付合であるか加工であるかではない。**小問1**で用いられることのなかった添付という法制度が、何故、**小問2**では登場するか、である。前掲最判昭和54年の内容を語ることができる者は多い。ところが、**小問1(2)**で添付制度が登場しない理由を的確に説明できる者は意外なほど少ない。これは「賃借人が賃貸目的物に無断増築をした」という当事者間に明らかに契約関係が存在する場合にも、付合（242条）が持ち出されることがあるためかもしれない。しかし、添付制度の趣旨と典型例を十分理解していれば、**小問1(2)**と**小問2**との違いを説明するのは難しくないはずである。

ところで、加工（246条）について説明するさい、「拾ってきた材木で仏像を彫り上げた」例が教室設例として挙げられることがある。自己所有の材木で仏像を仕上げた場合、それがその者の所有物であることは疑いなく、246条が適用される余地はない。「他人の動産」（同条1項本文）という要件が満たされていないからである。また買った材木で買主が仏像を彫り上げた場合、それが真の所有者から購入した材木であるなら、買主が材木の所有権を取得するから、

同じく加工は登場しないし、たとえ売主が材木の真の所有者でなかったとしても、買主が材木の所有権を即時取得すれば（192条）、やはり加工の規定は適用されない。

　このように考えてくると、加工の説明をする場合、材木は即時取得されないもの、すなわち、盗品ないし遺失物であったほうが好都合である（193条参照）。とはいえ、自ら盗んだ材木を用いて仏像を彫り上げた場合、そのような盗人に加工の規定による保護を与えてよいかどうかは問題で、少なくとも道徳的な直観には反するように感じられる（盗人に仏像の所有権を与えないための法律構成としては、権利濫用等の一般条項のほか、準事務管理といった法理も考えられる。しかし、これは「基礎」、「基本」を超えたものである）。そのため、勢い、材木は拾われることになる（このほか、たとえば盗品である材木をそうとは知らずに購入して、これで仏像を彫り上げた、という設例も考えられる）。

　即時取得（192条）が認められていなかった古い時代の法制度のもとでは、添付制度の一部は——時効や占有者保護制度（189条1項、191条本文、196条1-2項に相当するもの）と並んで——取引安全を保護する手段として重要な機能を果たしていた（ただし、即時取得と異なり、償金請求〔248条参照〕が認められるので、保護の仕方には限界があった）。しかし、即時取得が認められはじめると、この面での添付制度の存在意義は低下した。現在では、即時取得が成立しない場合にのみ、その機能を果たすにすぎない。このような歴史的事実は、歴史の1コマ、あるいは「こぼれ話」としては興味深い。しかし、単なる「雑学」であって、「体系」、すなわち、「基礎」、「基本」ではない（「雑学」が有用なのは、学習意欲を喚起する限りにおいてである）。

▶担保物権、債権総論

8 弁済による代位と第三取得者
——不動産登記における「公示」の意味

[問題]

1　AはBに対して債権を有し、この債権を担保するため、B所有の土地（以下、「本件土地」という。）に同債権を被担保債権とする抵当権を設定させ、抵当権設定登記がされた。またこの債権については、Cが主たる債務者であるBの保証人となっている。

　以上の事案につき、次の(1)(2)の場合、CD間の法律関係はどうなるか。

(1)　CがAに対する保証債務を履行し、その後、Bが本件土地をDに売却して、所有権移転登記がされた場合。

(2)　Bが本件土地をDに売却し、所有権移転登記がされた後、CがAに対する保証債務を履行した場合。

2　AはBに対して債権を有し、この債権を担保するため、B所有の本件土地に同債権を被担保債権とする抵当権を設定させ、抵当権設定登記がされた。AはBに対する債権をCに譲渡し、確定日付のある証書により、その旨をBに通知した。その後、本件土地はDに売却され、所有権移転登記がされている。

　この場合、CD間の法律関係はどうなるか。

■ 小問1(1)について〔基礎編〕

　CD間の法律関係を検討するため、BD間の売買契約がされる前の、ABCの法律関係について確認しておこう。

まずCがAに対する保証債務を履行した時点で、同債務は消滅し、BのAに対する（主たる）債務も弁済されたことになる。そして、CはBに対する求償権を取得するが、求償権の範囲は、CがBから委託を受けて保証人になったか否か等によって変わってくる（459条1-2項、462条1-2項）。
　次にCには、Bに対する求償権を確実なものにするため、「弁済による代位」が認められる（500条）。すなわち、AのBに対する（原）債権とこれを被担保債権とする抵当権が――CのBに対する求償権を確保するという目的のもと――Cに移転するのである（比喩的にいうなら、AのBに対する債権がCに譲渡され、担保物権の随伴性により、抵当権もCに移転する、とイメージすると分かりやすい）。
　ところで、「弁済による代位」とは「〔弁済者が〕弁済によって、債権者に代わってその地位に立つ」というほどの意味であるが、その制度趣旨とそこから導かれる帰結を確認しておこう。
　「弁済による代位」の制度趣旨は、**小問1**に則していうなら、Bに（多数の）一般債権者がおり、そして、そのような状況のもと、「弁済による代位」が認められなかった事案を想定すると、容易に把握することができる。すなわち、この場合、Aに対して保証債務を履行したCは確かにBに対する求償権を取得するが、それだけでは一般債権者と同じ立場でBに求償することになるから、満足な弁済を受けられない可能性がある。すると、Cが進んでAに弁済することはなく、むしろAが抵当権を実行することを望む。しかし、これは少しでも早く債権を回収したいAの利益に反する。
　これに対して、「弁済による代位」を認め、弁済したCが抵当権を得るとしておけば、Cは一般債権者よりも優位な地位に立つから、Aに弁済しやすくなり、Aも早期に債権を回収することができる。他方、Bの一般債権者から見ると、もともと本件土地にはAを抵当権者とする抵当権が設定されており、Aが優先的な立場にあったのであるから、CがAに入れ替わったとしても、一般債権者の地位が劣化するわけではない。つまり、「弁済による代位」は、それが認められていない法制度と比較し、BやBに対する一般債権者の法的地位を変化させることなく、Cの地位を改善し、これによってAの立場を強化しているのである。

このように「弁済による代位」は、CのBに対する求償権の実効性を高めるための法技術である。そして、CがBに対して具体的にいくら請求できるかは求償権の範囲によって決まるのであり、求償権の範囲と「弁済による代位」とは別の問題である。すなわち、

① たとえばAのBに対する（原）債権の利息が年利8％で、そのことが登記されていても、CがBの委託を受けて保証人となった場合、特約のない限り、求償権に関する利息は年利5％であるから（法定利息。459条2項、442条2項、404条）、CがBに対して請求できる利息は──8％ではなく──5％に限られる。

② 他方、BC間で求償権に関する利息を10％にする特約がされていた場合、CはBに10％の利息を請求できるが、Bの一般債権者との関係では、8％についてのみ優先的に回収することができ、残りの2％については一般債権者と同じ地位に立つ。なぜなら、「弁済による代位」によってCが得ることができるのはAの法的地位であり、AのBに対する（原）債権の利息が8％である以上、これが「弁済による代位」の上限とされるからである（なお、「弁済による代位」によってCが得ることになる抵当権の被担保債権は──CのBに対する求償権ではなく──AのBに対する〔原〕債権である）。

　要するに、CがBに対して実際にいくら請求できるかは「求償権の範囲」によって決まり、そのうち、どの範囲でBの一般債権者に優先するかは「弁済による代位」によって決定されるわけである（最判昭和59・5・29民集38巻7号885頁も参照）。

　次に、「弁済による代位」が認められるには、どのような手続が必要とされるのであろうか。CはBの保証人であるから、「弁済をするについて正当な利益を有する者」（500条）である。したがって、「当然に」（同条）、すなわち、一切の手続を要することなく、弁済をしたCはAのBに対する（原）債権とこれを被担保債権とする抵当権を──Bに対する求償権を確保する範囲内で──取得することになる。

　以上が、Dの登場する前の、ABCの法律関係である。では、その後、BがDに本件土地を売却した場合、抵当権の帰趨はどうなるであろうか。

　まずCは──Bに対する求償権を確保するという目的に制限されてはいるも

のの——Aから（原）債権と抵当権を得ているから、本来、第三取得者Dに対して抵当権を主張できるはずである。しかし、501条1号によれば、Cは代位について付記登記をしない限り、Dとの関係では抵当権を主張できない、とされる。弁済によって被担保債権が消滅し、その結果、抵当権もなくなったと信じるかもしれないDを保護するため、「弁済による代位」により抵当権が存続する場合には、その事実を「あらかじめ」Cに公示（＝付記登記）させよう、というのである（付記登記については、各自、教科書等を参照）。

もっとも、501条1号に対しては、立法論的な批判もある。なぜなら、CがAに保証債務を履行しても、それだけで抵当権の登記が抹消されるわけではなく、もし抹消登記がされていないとすると、Dは抵当権が存在することを前提に本件土地を購入しているはずで、Cが付記登記をしていなくても、Dが不利益を被ることはない（＝付記登記がされるか否かは、Dが抵当権者をAと考えるかCと考えるかの違いをもたらすにすぎない）、というのである（これは不動産登記における「公示」の具体的な意味を考えるさいに要となる問題であり、後述する）。しかし、解釈論としては、CはDが所有権移転登記をする前に代位の付記登記をしておかないと、Dに対して抵当権を主張できない、とされている。

■ 小問1(2)について〔基礎編〕

小問1(2)では、Cが保証債務を履行する前に、BがDに本件土地を売却し、所有権移転登記がされている。そこで、CがAに弁済をする前の、ABDの法律関係を確認しておこう。

BはDに本件土地を売却したが、本件土地にはAのために抵当権が設定され、登記もされている。したがって、AはDに抵当権を主張することができる（＝〔担保〕物権の「追及力」）。

しかし、そうなると、抵当権が実行された場合、Dは本件土地を失うことになる。これを避けるためには、BのAに対する債務をDがBに代わって（第三者の）弁済をすることが考えられる（474条1項本文）。AB間で第三者の弁済を禁止する特約があれば別だが、一般に第三者の弁済は認められており（同条1項本文及びただし書参照）、しかも、抵当権が実行された場合に本件土地の所有

権を失うことになるＤは「利害関係を有する第三者」であるから、債務者Ｂの意思に反してでも、Ａに弁済をすることができる（474条2項参照。なお、同条1項ただし書が「当事者」〔＝本問ではＡとＢ〕とし、他方、同条2項が「債務者」〔＝本問ではＢ〕としている点は混同しないこと）。

　では、——小問1(2)を離れるが——ＤがＡに実際に第三者の弁済をした場合、Ｄは誰に対して、どのような請求をすることができるか。

　まずＢとの関係では、もしＢの委託を受けて弁済をした場合には、（準）委任を理由として（650条1項）、また委託を受けていなかった場合には、事務管理を根拠として（702条1項、3項）、ＤはＢに対して弁済にかかった費用の償還を請求することができる。つまり、求償権を得るのである（もっとも、実際にはこのようにならないであろう。この点については後述）。

　問題は保証人であるＣとの関係である。Ｄの弁済によって、ＢのＡに対する（主たる）債務は消滅するので、結果としてＣのＡに対する保証債務もなくなり、Ｃは実質的には経済的利益を受ける。しかし、保証債務とは主たる債務を担保する——補充的な——ものであるから、Ｄの弁済がＢとの関係で事務管理に当たるとしても、Ｃとの関係でもこれに当たるかどうかは問題である。

　そこで、この問題について、501条2号は「第三取得者は、保証人に対して債権者に代位しない」として、ルールを明確にした。すなわち、

　（α）ＤがＡに弁済をしても（同号では、これが前提とされている）、ＤはＣに対して何も請求することができない（同号は「弁済による代位」についてのみ定めているように見えるが、このような考え方が背景にある）。

　（β）ただし、このルールは、本問のように、債務者Ｂが自己の所有する本件土地に担保権を設定し、この債務者所有の不動産を取得した第三取得者についてのみ適用され（501条2号では、債務者の所有する不動産を取得した第三取得者が想定されている）、物上保証人の所有する不動産を得た——第三取得——者にこのルールは適用されない（混乱しやすい箇所だが、紙幅の関係上、詳論できない。各自、教科書等を参照）。

　このように規定されたのは、ＤがＢから本件土地を譲り受けるさい、Ｄには被担保債権を差し引いた額で本件土地を購入するチャンスがあり、かつ、実際にもそのようにされているためである。そして、そうであるなら、ＤのＢに対

する上記の費用償還請求（求償権）は認められないし、本件土地を安い価格で購入することで、BのAに対する債務を——最終的な負担として——引き受けたはずのDがCに対して保証債務の履行を請求できるのは奇妙であろう（→上記（α））。

　それでは、**小問1(2)**に戻って、Dが第三者の弁済をしないうちに、CがAに対する保証債務を履行した場合、CD間の法律関係はどうなるであろうか。

　CはAに対する保証債務を履行し、——Aとの関係で——Bの主たる債務を消滅させることで、「当然に」Aに代位する（500条）。すると、CはDに対して抵当権を主張できるはずである。しかし他方、保証人が第三取得者との関係で抵当権等を主張するためには、「あらかじめ」付記登記しなければならないとされている（501条1号）。とすると、保証人は弁済前に登場した第三取得者との関係でも、「あらかじめ」付記登記をしておかねばならないのであろうか。

　この問題について、最判昭和41・11・18民集20巻9号1861頁は、保証人による弁済前に現れた第三取得者との関係では、保証人は付記登記をしていなくても、「弁済による代位」を主張できるとした。同判決は、その理由として、保証人が保証債務を履行する前の段階で付記登記をするのは困難であるとの事情のみ挙げているが、学説にあっては、そもそも保証債務が履行されず、まだ主たる債務が消滅していない段階で抵当不動産を取得した第三取得者は抵当権の存在を覚悟しているはずであるという理由づけもされている。

　以上のように、**小問1(2)**では、Cは付記登記をしていなくても、Dに対して抵当権を主張することができ、この点で**小問1(1)**とは異なっている。

　もっとも、実際にCが本件土地の抵当権を実行するには、まず付記登記をし、そのうえで執行手続を進めるのが通常である（民事執行法181条1項3号参照）。しかし、**小問1(1)**で要求される付記登記が、それをしておかないと、後に登場した第三取得者に対してそもそも抵当権を主張できないのに対し、**小問1(2)**で要求される付記登記は民事執行手続に入るための手続的要件にすぎず、もちろん、それは第三取得者が登場した後にされてもよい。つまり、同じ付記登記でも、その法的意味は全く異なっているのである（なお、このような手続上の問題は「基礎」、「基本」ではない）。

8　弁済による代位と第三取得者　　77

■ 小問2について〔基礎編〕

　小問2では、AがBに対する債権をCに譲渡し、Bに対して確定日付のある証書によって通知をしている。したがって、債権はCに移転し、CはBに対して債務の履行を求めることができる。そして、担保物権の随伴性により、抵当権もCに移転する。

　随伴性の根拠については、「弁済による代位」での議論を想起すれば、容易に理解することができる。つまり、担保権は被担保債権の価値を高めるから、随伴性が認められれば、債権者は被担保債権を適正な価格で譲渡することができ、また譲受人にとっても安心して債権を譲り受けることができる。他方、債務者や債務者の一般債権者からすれば、そのような負担は覚悟していたはずで、担保権者が入れ替わったからといって、不利益を受けることはない。したがって、随伴性を認める法制度はそれを認めない法制度よりも効率的である。

　では、Aから債権譲渡を受けたCは、債権譲渡後に本件土地を取得した第三取得者Dとの関係で、あらかじめ抵当権につき付記登記をしておく必要があるのであろうか。Cが債務者Bの保証人で、保証債務を履行した場合、前述のとおり、付記登記が要求される（501条1号、小問1(1)参照）。しかし、債権の譲受人の場合、付記登記は要求されていない（ただし、Cが実際に執行手続を進めるためには、通常、付記登記がされる。小問1(1)の末尾参照）。なぜなら、①AからBに債権譲渡の通知がされることで、その事実はBを通じて利害関係者に発信されるため（Bを介した「公示」）、あるいは、②弁済という債務の消滅を招く事実が介在しないため、いずれにせよDに不測の不利益が生じるおそれはないからである。これに対して、特に法定代位にあっては、③「当然に」代位することになるので（500条）、公示という仕組みは用意されておらず（→そのため、利害関係者に情報を提供すべく、一度は公示〔＝付記登記〕をさせるべきであるとの議論が出てくる）、④また弁済がされるので、被担保債権の消滅を前提として担保目的物を購入した第三取得者Dが予想外の不利益を受ける可能性がある。したがって、小問1(1)と小問2とで、付記登記の要否について異なった取扱いをすることには合理的な理由がある。

■ 小問1(1)及び小問2について〔応用編〕
   ──任意代位の場合

　AがBに対して債権を有し、この債権を担保するため、B所有の土地に同債権を被担保債権とする抵当権を設定させ、抵当権設定登記がされていたところ、Bの親戚CがBに代わってAにBの債務を弁済し、その後、Bがその土地をDに売却した場合、CD間の法律関係はどうなるであろうか。

　まずAに弁済をすることで、CはBに対する求償権を取得する（650条1項ないし702条1項、3項）。そして、Cは債権者Aに代位することができるが、Bの親戚にすぎないCは「弁済をするについて正当な利益を有する者」とはいえないから、法定代位、すなわち、「当然に」代位することはできず（500条参照）、任意代位の手続を踏まなければならない（499条1項）。つまり、AがBにその旨を通知する必要があり（499条2項、467条）、そうすることでCはAに代位し、抵当権者となることができる。

　では、Cは、その後登場した第三取得者Dとの関係で、無条件に抵当権を主張することができるのか、それとも、あらかじめ付記登記をする必要があるのか。学説が対立する「難問」である。

　一方では、付記登記を不要とする説がある（奥田昌道・債権総論〔増補版〕(1992年)550-551頁、553頁）。その背景には──501条1号の（反対）解釈もさることながら──同号に対する立法論的批判がある。つまり、抵当権の登記がされている土地を購入したDはその負担を覚悟していたはずである、というのである。そして、この理屈は保証人が法定代位をした場合にも妥当するが、ただ、保証人の場合には、保証人になるさいにあらかじめ別の債権回収方法を用意していることもあり、そのように考えるかもしれない第三取得者を保護する意味で、付記登記を要求することにもわずかに理由はないではないが、任意代位の場合には、そのような理由は見当たらない、というわけである。

　第2に、債権譲渡における取扱い（小問2参照）も、任意代位において付記登記を不要とする根拠となりうる。すなわち、法定代位と異なり、任意代位の場合には、債権譲渡と同様、債務者に通知がされる。そして、付記登記の目的は権利関係を公示することにあるが、債務者に代位の通知がされる任意代位の

場合には、債務者を通じて情報発信（＝公示）がされるので、そのような仕組みを欠く法定代位とは異なり（我妻栄・新訂 債権総論（1964年）250-251頁も参照）、債権譲渡におけるのと同様、付記登記は不要としてよい、というのである。

　これに対して、付記登記を求める説もある（内田貴・民法Ⅲ〔第3版〕（2005年）84頁、潮見佳男・債権総論Ⅱ〔第3版〕（2005年）279頁、292頁）。ただし、その理由としては、第三取得者の保護が挙げられるだけで、Dが購入したのが抵当権の登記のされた土地であったという事情をどのように評価すべきかにはふれられておらず、また債権譲渡との異同についても言及されていない。したがって、付記登記を不要とする説のほうが説得力があるように見える。

　しかし、登記の効力とそれを前提とした当事者の行動パターンを考えるとき、付記登記を要求する説にもそれなりの理由があるように思われる。すなわち、

　(a)まず、登記に公信力は認められていない。つまり、登記をそのまま信じても保護されるとは限らない。

　(b)これに対して、登記には公示力が認められている。したがって、登記されていない権利変動は無視することができる。とはいえ、登記に公信力がない以上、利害関係者としては、現実の権利関係を調査しなければ不利益を受ける可能性がある。つまり、登記は調査の端緒としての意味を持つ。そして、登記されていない事項は調査する必要がない、とすることで、調査範囲の限定がされているのであり、これが「公示力」の正体（すなわち、本当の意味）である。

　(c)実際にも、たとえば抵当権の場合、登記されている被担保債権の額を信頼することはできない。住宅ローンを組んで不動産を購入した場合、被担保債権の額は月ごとに減少するが、その度に被担保債権の額が書き替えられるわけではない（通常、ローンがすべて返済された時点で抵当権の抹消登記がされる）。このようにしても、債務者が不利益を受けることはない。なぜなら、住宅ローン債権が譲渡されても、実際の債権額以上の債権を譲渡することはできないし（ただし、債務者が異議をとどめない承諾をした場合は別である。468条1項）、債権の譲受人が登記簿に記載された被担保債権額を信じても、登記に公信力はないからである。

　(d)すると、抵当権付きの不動産を購入する第三取得者としては、現実の被担

保債権額を知る必要が出てくる。まずは取引の相手方である売主（＝抵当権付きの不動産の所有者）に尋ねるであろうが、真の事情を語るとは限らないので（＝売主は被担保債権額を低く見積もったほうが目的物を高く売ることができる）、登記を手がかりとして抵当権者に照会することになる。

　(e)照会を受けた抵当権者は——抵当権設定者と異なり、虚偽の事実を告げるインセンティブがないので——①被担保債権が弁済されている場合には「弁済された」と回答し（＝これは法定代位にも妥当する、「弁済」に共通する現象であり、他方、弁済前には起こりえない事象である。小問1参照）、②被担保債権を譲渡した場合には「譲渡した」と回答するであろう。そして、第三取得者はこれを前提に行動するが、債権譲渡にあっては、譲渡それ自体によって債権が消滅することはないから、第三取得者は被担保債権の存在を前提とするはずで、付記登記がされていなくても不利益を被るおそれはない。他方、任意代位の場合、弁済という行為が介在するので、——抵当権者が丁寧な説明をすれば別だが（抵当権者は、抵当権設定者に対して任意代位の通知をするが〔499条2項、467条〕、第三取得者の照会に対して懇切に応じる保障はない）——第三取得者が不測の不利益を被る可能性がある。すると、これを抜本的に回避するため、任意代位にあっても、501条1号と同様、付記登記を要求するという選択肢も十分ありうることになる。

　このように、任意代位にあっても、代位者に——第三取得者との関係で——付記登記を要求するとの立場には応分の理由がある。

　501条1号における付記登記の意味とその要否、債権譲渡における取扱い、そして、登記の公示力は、いずれも「基礎」、「基本」である。ただし、それらをバラバラに覚え、〔応用編〕で示したような関連づけがされていないとすると、それは単なる知識の「丸暗記」にすぎず、「基礎」、「基本」が身についているとはいえない。個々の制度の趣旨や定義は「基礎」、「基本」の前提条件であるが、それだけで「基礎」、「基本」が確立できるわけではない。「基礎」、「基本」へ至る道は高く険しい。

▶総則、物権、債権各論（不当利得）

9 心裡留保と代理
——使用利益と費用負担の帰趨を含めて（その１）

[問題]

　Ａは、数年前、シャガールのリトグラフ（版画）を40万円で購入した。このリトグラフは額縁に入れられており、価格の内訳はリトグラフ本体が35万円、額縁が５万円であった（以下、額縁を含め、「本件リトグラフ」という。）。その後、Ａは、Ｂに本件リトグラフの保管を依頼したが、預けるさい、Ｂに対して「本件リトグラフを売却する代理権を与える」と言った。

　Ｂは、このＡの発言に基づき、Ａの代理人として、本件リトグラフを時価相当額の40万円（ここ数年、本件リトグラフの価格は変動していない）でＣに売却し、引渡しをした。ところが、Ａには本件リトグラフを売るつもりなどなく、ＡがＢに代理権を与えると言ったのは冗談であった。

　以上の事案につき、次の小問に答えよ。なお、各小問は独立した問いである。

1　(1)　Ａは、Ｃに対して本件リトグラフの返還を請求することができるか。
　　(2)　ＣがＡに対して本件リトグラフを返還することになった場合、ＡＣ間及びＢＣ間の法律関係はどうなるか。
2　（小問２については、第10講参照。）

■ 小問1(1)について〔基礎編〕

　本件リトグラフにつき、AのCに対する返還請求が認められるか否かは本件リトグラフの所有権の帰属による。そして、BはAの代理人として、Cと売買契約を締結しているから、結局、このBの代理行為の効果がAに帰属するかどうかが問題となる。

　まずAはBに本件リトグラフを売却する代理権を与えると言ったが、これは冗談であり、Aは真意でないことを知りつつ、この意思表示をしているから、Aの意思表示は心裡留保に当たる（93条）。そして、心裡留保の場合、意思表示は原則として有効とされるが（同条本文）、意思表示の相手方が表意者の真意を知り、ないし、知ることができたときは、その意思表示は無効とされる（同条ただし書）。したがって、結局、Bの主観的態様が問題となる。

　第1に、Aの発言が冗談であることをBが知らず（＝善意）、かつ、知りえなかった（＝無過失）場合、Aの意思表示は有効とされる。すると、Bには本件リトグラフを売却する代理権があることになり、Bの代理行為の効果はAに帰属する。

　第2に、Aの発言が冗談であることをBが知り（＝悪意）、ないし、知りえた（＝過失）場合、Aの意思表示は無効とされる。すると、Bには代理権がないから、Bの代理行為の効果はAに帰属しないことになる。

　もっとも、第2の場合も、もしAの意思表示が冗談であることをCが知らなかった（＝善意）とすると、AはCとの関係では自身の意思表示が無効であることを主張することができない（94条2項類推適用）。すると、Cが善意であるなら、Bが善意無過失でなくても、AはCとの関係ではBに対してした代理権を与える旨の意思表示の効力を否定できない結果、Cから見れば、Bの代理行為の効果はAに帰属することになる。

　このように、Aの心裡留保につき、①Bが善意無過失であるか、②Bが善意無過失でなくても、Cが善意であるときには、Cが本件リトグラフの所有権を取得し、AのCに対する返還請求は認められないように見える。

9　心裡留保と代理　　83

■ 小問1(1)について〔応用編〕

　AのBに対する代理権授与行為の効力からアプローチした場合の問題解決は〔基礎編〕で示したとおりであるが、この解決にはアンバランスなところがある。たとえば本人Aが代理人Bを介することなく、相手方Cと直接契約を締結した場合、Aに本件リトグラフを売るつもりがないことをCが知り、ないし、知りえたとすると、Aの意思表示は無効とされる（93条ただし書）。したがって、Cは本件リトグラフの所有権を取得することができない。そして、そうであるなら、Bが代理行為をした本問にあっても、CがAの真意を知り、ないし、知りえた場合には、――たとえBが善意無過失であっても――Cによる所有権取得は認めなくてよいはずである。なぜなら、確かに代理行為における意思表示の効力は、原則として代理人を基準として判断されるが（101条1項参照）、売買契約の効果はあくまでAC間に帰属し、代理人であるBは――この売買契約そのものには――独自の利益を有しないから、BがAの心裡留保につき善意無過失であっても、CがAの真意を知り、ないし、知りえたときには、――Aが直接Cと契約をした場合と同様――Aの無効の主張を認めてよいはずだからである。つまり、AC間の関係につき、93条ただし書が適用されたのと同じ状況になると解するべきであろう。そして、この理はBが善意無過失でない場合にも妥当するから、その結果、①Bが善意無過失であっても、Cへの所有権帰属が認められるのはCが善意無過失である場合に限られ、②またBが善意無過失でなくても、Cが善意無過失であれば、Cへの所有権帰属が認められる（上記の94条2項の類推適用）。要するに、AのCに対する返還請求の可否は、Aの心裡留保につき、Cが善意無過失であったか否かによることになる。

　なお、小問1に関連して、次の諸点は確認を要する。

　第1に、上記のとおり、CがAの真意を知り、ないし知りうるとき、Aによる無効の主張が認められるという意味で、93条ただし書が適用されたのと同じ状況になるが、これは93条ただし書が直接適用されたからではない。AはCに対して意思表示をしたわけではないので、――意思表示の存在を前提とする――93条はそもそも適用されない。あくまで「93条ただし書の趣旨から」、あるいは「93条ただし書の類推適用によって」、AはCに対して自身（＝A）へ

▶総則、物権、債権各論（不当利得）

の効果帰属を否定することができるのである。

　第2に、これは代理人による代理権濫用のさいに問題となる「93条ただし書類推適用」論とは、全く異なるものである（本問は、代理権の濫用とは無関係である）。

　第3に、Bの善意悪意等の対象とされるのは、Aの意思表示が心裡留保であったことであり、Cのそれも同様である（この点で第2講で示した問題状況とは異なる）。

　第4に、Bが相手方と契約締結に至った場合、AからBに成功報酬が払われる旨がAB間で定められていたとき、Bが善意無過失であったとしても（つまり、Bに代理権を与える旨の意思表示が、成功報酬条項を含め、有効であっても）、Cが善意無過失でなければ、AC間に売買契約の効果が生じない結果、Bは成功報酬を得られないように思える。しかし、AC間に契約の効果が発生しない原因はBではなく、A（及びC）にある。すると、BのAに対する報酬請求が認められないとする結論は公平とはいいがたく、AB間の成功報酬条項の解釈として、あるいは130条の趣旨を援用することで、Bの利益保護が図られるべきであろう。

　最後に、本問においては、表見代理は問題とならない。代理権授与の表示（109条）は認められないし（たとえばAがBに委任状を渡した等の事情はない）、基本代理権（110条）やAがBに過去に代理権を与えた事実（112条）もない。さらに即時取得（192条）も本問とは無関係である。即時取得は有効な取引行為の存在を前提とするが、本問ではそもそも取引行為の効力そのものが問題とされているのであり、また即時取得は代理行為の瑕疵を治癒するための制度ではない。加えて、Cから見て売主とされるAは真の所有者であり、前主に権原がないことを前提とする（＝このような瑕疵の治癒を目的とする）即時取得はそもそも適用されようがない。

■　小問1(2)について〔基礎編〕

　まずAC間の法律関係から検討してみよう。
　CがAに本件リトグラフを返還しなければならないのは、CがAの——本件

リトグラフを売るつもりはないという——真意を知り、ないし、知りえた場合である（小問1(1)参照）。ただし、CがAの真意を知らず、かつ、知りえなかった場合であっても、BがAの真意を知り、ないし、知りえたとき、AがCとの関係でBに対してした代理権を与える旨の意思表示が無効であることを主張できないのは、94条2項の類推適用に基づくものであるから、Cの側から、AのBに対する代理権を与える旨の意思表示が無効であることを認めるのは自由である。そして、この場合も、CはAに本件リトグラフを返還することになる。つまり、Cが善意無過失であっても、小問1(2)に該当することはありうるのである。そこで、以下では、念のため、このような場合についても検討する。

　さて、AC間の法律関係についていうなら、第1に、CがAに本件リトグラフを返還する場合、CにはBとの交渉費用が無駄になるといった損害が生じる。そして、この損害はAの冗談に起因するものであるから、Aの冗談が社会的に見て違法な行為であり、かつ、Cに現実に損害が生じているなら、CはAに対して損害賠償を請求することができる（709条）。ただし、CがAの真意を現に知っていた場合には、CはBと契約を締結しないことで、損害を回避することができたはずである。すると、この場合、たとえCに不利益が生じていても、それはCが自ら招いたものであり、Aの行為とCの損害との間に因果関係は認められないので、CのAに対する損害賠償請求は否定されることになる。

　第2に、これとは逆に、AがCに対して本件リトグラフの使用利益の返還を求めることが考えられる。所有者が占有者に目的物の返還を請求した場合の使用利益の取扱いについては明文の規定はないが、果実と同等の扱いがされるとされている。なぜなら、占有者が目的物を自分で使用していた場合と他人に賃貸して賃料（＝〔法定〕果実）を得ていた場合とで区別すべき理由はないからである。すると、

　①CがAの所有物である本件リトグラフを占有していた以上、原則として、Cは使用利益（具体的な額は賃料相当額を基準に算定されよう）をAに返還すべきこととなる（703-704条）。

　②ただし、Cが善意である場合、すなわち、本問に則していうなら、Aの真意を知らず、そのため、本件リトグラフの所有権を取得したと信じていた場合、Cは果実を取得することができるから（189条1項）、使用利益につ

いても、Aに返還する必要はない。

③つまり、CがAに使用利益を返還しなければならないのは、CがAの真意を現に知っており、そのため、自身が所有権を取得していないことを自覚していた場合（だけ）である（190条1項）。

このような解決は、実は問題を含むものだが（→〔応用編〕参照）、条文から形式的に導かれる帰結であり、まずは「基礎」、「基本」として確認しておこう。

次にBC間の法律関係については、本問の場合、Bの無権代理人の責任（117条）と不法行為責任（709条）が問題となる。

まずCがBに無権代理人の責任（117条1項）を追及できるのは、Bが無権代理人であることをCが知らず、かつ、知らないことに過失がないときに限られる（同条2項）。そして、もしCがAの真意を知り、ないし、知りえた場合には、通常、AのBに対する代理権を与える旨の意思表示が無効であることを知り、ないし、知りえたといえるから、CはBに対して無権代理人の責任を追及できないこととなろう。

もちろん、より厳密に考えるなら、Cは、①Aの真意を知っていたが、②BがAの真意を知らず、かつ、知りえないと思っていたので、③（93条本文に基づき）Bに代理権があると信じていた、といった事態もありえないではない。しかし、もし本当にBがAの真意を知らず、かつ、知りえなかったとすると、Bは無権代理人ではないはずであるし（この場合、AがCに対して無効を主張できるのは、Cの悪意ないし過失を理由とするものであって、Bに起因するものではない）、たとえBが善意無過失でなかったとしても、Aの真意を知り、ないし、知りえたという理由からAに対して履行請求することのできないCに、Bに対する履行請求を認めるべき根拠はないように思われる。すると、この場合、やはり117条1項に基づくCのBに対する請求は認められないこととなろう。

もっとも、前述のように、CはAの真意を知らず、かつ、知りえなかったが、Bが善意無過失でなかったため、AのBに対する代理権を与える旨の意思表示が無効であり、かつ、この意思表示が無効であることをCが認め、AのCに対する本件リトグラフの返還請求に応じることも——理論的には——考えられうる。そして、この場合、通常、Cは117条においても善意無過失と判断さ

9　心裡留保と代理　87

れようから、Bに対して履行責任を追及することが可能である。一般にリトグラフは他にも同じ物が存在するから（＝代替物）、実際の実現可能性はさておき、Bに──損害賠償責任でなく──履行責任（＝同じ種類のリトグラフをCに引き渡す責任）を課すことには意味がある。

　なお、この場合、CがAの返還請求に応じる必要がなかったことを理由に、BがCからの責任追及を免れることはできまい。なぜなら、Bが無権代理人とされるのは、BがAの真意を知り、ないし、知りうる場合であるが（この意味で、Bには少なくとも過失がある）、他方で、117条の無権代理人の責任は──無権代理人に過失がなくても成立する──無過失責任とされており、すると、過失のあるBを117条の責任から免れさせるべき理由はないからである（→BがAの真意を知らず、かつ、知りえなかった場合、AのBに対する意思表示は有効とされ〔93条本文〕、Bは無権代理人でないから、117条の責任を追及される等の不利益を受けることはない）。

　このように、117条にあっては、Cの善意無過失が要件とされるため、実際問題として、CがBに同条の責任を追及しうる場合はほとんどない。これに対して、CがBに不法行為責任（709条）を追及することは──Cに過失があっても、この責任追及は可能であるから──一般的にありうるはずである。より詳しく分析してみよう。

　第1に、BがAの真意を知らず、かつ、知りえなかったとすると、Bに過失は認められないから、CはBに対して709条責任を追及することはできない（この場合、AのBに対する代理権を与える旨の意思表示は有効であるから、BがAの代理人として行為しても、そもそも不法行為に当たらない）。

　第2に、BがAの真意を知り、ないし、知りえた場合、Bは代理権がないのにAの代理人として行為したことになり、かつ、そこには過失が認められるから、もしCに損害が生じていれば、BはCに対して損害賠償義務を負うことになる。ただし、ここでいう「損害」とは、Bの無権代理行為という違法な行為によって生じた損害、つまり、無権代理行為がなければ生じなかったであろう損害であり、たとえばCがBとの契約締結のために費やした費用等がこれに当たる。これに対して、たとえば本件リトグラフが値上がりしていたとしても、その価格上昇分を「損害」として賠償請求することはできない。なぜなら、B

の（無権）代理行為がなかったとすると、CがAを売主とする本件リトグラフの売買契約を締結することはなく、したがって、Cが本件リトグラフの値上がりによる利益を手にすることもなかった、と考えられるからである（ただし、CがBと契約を締結しなかったなら、本件リトグラフと同じ種類のリトグラフを別の売主から確実に購入していたはずであるといった特段の事情がある場合には、例外的に「値上がり分」の賠償が認められる。しかし、この場合も、その「値上がり分」とは本件リトグラフの値上がり分ではなく、他の売主から購入したであろう別の同種同等のリトグラフの値上がり分として観念されることになる）。

第3に、たとえBに過失が認められる場合であっても、CがAの真意を現に知っていたときには、Cに生じた損害はCが自ら招いたものといえるから（→前述のとおり、Bの無権代理行為とCの損害との間には因果関係が存在しない）、Bの不法行為責任は認められない。

このように考えてくると、CがBの709条責任を追及できる典型的な事案とは、①BがAの真意を現に知り、かつ、CがAの真意を過失によって知らなかったときと、②BがAの真意を過失により知らず、CもBと同じ状況にあったとき、であることになる。そして、①においては、CはBに対して損害の全額を請求できようが、②の場合には、BC間で過失相殺がされることとなろう（722条2項）。

■ 小問1(2)〔応用編〕

小問1(2)〔基礎編〕で示したように、Cに本件リトグラフの所有権が帰属しない場合であっても、Cが善意であれば、Aに対して使用利益を返還しなくてよいように見える（189条1項）。ところが、この解決には疑義がある。詳論しておこう。

まず、XがYに目的物を売却して引き渡し、他方、YはXに代金を支払ったが、その後、Xが錯誤を理由に自身の意思表示の無効を主張し（95条本文）、この主張が認められたとしよう。この場合、YはXに目的物を、XはYに代金を、それぞれ返還することになる。しかし、Xが代金を浪費していた場合（たとえば代金を受け取って急に気が大きくなり、普段であればしないような豪遊をして代

金を使い果たしていた場合)、Xに「現存利益」はないから、XはYに目的物の返還を請求できる一方、Yに対して代金を返還しなくてよいことになる（703条）。しかし、これは均衡を欠く解決であり、意思表示の無効原因がXの錯誤にあったことを考えると、なおさら是認しがたい帰結といえる。

　ところで、XY間の売買の例で、もし売買契約が解除されたとすると、XY間の法律関係はどうなるであろうか。この場合、XとYはそれぞれ原状回復義務を負い（545条1項本文）、XはYに受け取った代金全額を、YはXに目的物を、それぞれ返還することになる。つまり、XのYに対する返還義務の範囲が「現存利益」に限られることはない。しかも、解除原因がYの不履行にある場合（たとえばYがXに代金の半分だけを払い、残り半分の代金を支払わなかったためにXがYとの契約を解除した場合）であっても、XはYに受け取った代金のすべてを——利息を付して——返還しなければならず（545条2項）、たとえXが受け取った代金を浪費していても、返還すべき額が縮減されることはない（もちろん、Yの不履行により、Xが損害を被っていた場合には、XはYに対して損害賠償を請求できる〔545条3項、415条前段〕）。

　このような解除における取扱いを参照するなら、意思表示が無効ないし取り消された場合も、少なくとも双務契約にあっては、相手方から受け取ったものはすべて返還されるべきであり、返還の範囲を「現存利益」に縮減すべき理由はないように思われる。なぜなら、契約が無効であるなら、契約のなかった状態に戻すのが本来の姿だからである（契約の解除にあっても、直接効果説を採るなら、契約は遡って無効とされる点にも注意）。もちろん、同じ取消し（→無効）でも、制限行為能力に基づく取消しの場合には、浪費をした制限行為能力者に受けた利益のすべてを返還させることは、制限行為能力者保護の観点から問題があり、その意味で返還の範囲を「現存利益」に縮減することには理由がある（121条ただし書）。しかし、これは他の無効原因ないし取消原因に普遍できるものではない。そこで、双務契約の無効、取消しの場合には、返還の範囲を「現存利益」に縮減せず、受け取ったものはすべて返還させるべきであるという考え方が、今日の学説では通説的な見解となっている（学問的には、「双務契約の無効ないし取消しという清算関係において生ずる『給付不当利得』にあっては、返還の範囲が現存利益に縮減されることはない」といったような表現が用いられる）。

では、この場合、——一般不当利得法（703-704条）の特則である——189条1項はどのような扱いを受けるのであろうか。学説はここでも解除における問題解決を参照して、方針を決定しようとする。すなわち、

契約が解除された場合、授受された金銭は利息を付して返還される（545条2項）。また果実については、明文の規定は欠くものの、原状回復義務の一内容として返還されるべきであるとされる（売主が利息を付して代金を返還する一方、買主が果実を返還しなくてよいとすると、575条の想定するバランス論からしても奇妙であるという）。つまり、契約の効力が失われた以上、その契約に基づいて得た果実も返還すべきであるとされているのであり、この理は双務契約の無効、取消しの場合にも妥当する。すると、この場合、たとえ果実を取得した者が善意であっても、やはりそれは相手方に返還すべきであり、189条1項は適用されるべきではないことになる。

そして、使用利益についていうなら、最判昭和34・9・22民集13巻11号1451頁は、契約が解除された場合、買主は使用利益を売主に返還すべき義務を負うとしている（原状回復義務に基づく一種の不当利得返還義務であるという）。〔基礎編〕で説明したように、果実と使用利益は同等に扱われているのである。

このように考えてくると、本問にあっても、もしもＡＣ間の不当利得関係を給付不当利得と考えるなら、ＣがＡに本件リトグラフを返還すべき場合には、Ｃはその使用利益もあわせてＡに返還すべきこととなる。そして、それによってＣが——最初から契約を締結しなかった場合と比べ——不利益を受けたときには、不当利得法とは別の法規範によって、すなわち、Ａの心裡留保によってＣが損害を被っていたなら、ＣがＡに対して不法行為責任を追及する等の方法によって、Ｃの不利益は填補されるべきこととなる（解除は原状回復義務を発生させるが〔545条1項〕、損害賠償請求を排除するものではない〔同条3項〕ことを想起せよ）。

もっとも、ＡＣ間の関係を本当に給付不当利得と解してよいかどうかは問題である。以下、検討してみよう。

まず、甲が自己所有の動産を乙に預けたが、乙が当該動産を自分の所有物として丙に売却して引き渡した場合、真の所有者が甲である以上、丙は所有権を取得しないのが原則である。ただし、丙が乙を所有者と信じ、かつ、信じたこ

とに過失がないなら、丙について即時取得（192条）が成立し、丙は所有権を取得し、他方、甲は所有権を失うことになる。

これに対して、丙が善意無過失でない場合、即時取得は成立しないから、当該目的物の所有者は甲であり、甲は丙に対して目的物の返還を請求することができる。加えて、甲は丙に対して目的物の使用利益の返還も求めうるはずである（703-704条）。なぜなら、丙は法律上の権限なく目的物を使用したからである。そして、甲丙間には——上述の給付不当利得とは異なり——何ら直接的な契約関係はないから、このようなタイプの不当利得は「侵害不当利得」と呼ばれる（侵害不当利得については、第10講も参照）。

しかし、丙が——過失はあったものの——善意であった場合、法は取引安全の観点から、丙に限定的な保護を与えている。つまり、——即時取得と異なり、目的物の所有権そのものが与えられることはないが——果実収取権を認めることにしたのである（189条1項）。その結果、善意の丙は甲に使用利益を返還しなくてよいことになる（このことは、「侵害不当利得には、給付不当利得と異なり、189条1項が妥当する」と表現されることがある）。

では、上記の例で、もし乙が甲に無断で、甲の代理人と称して、目的物を丙に売却して引き渡した場合、甲丙間の関係はどうなるであろうか。

第1に、前述のとおり、即時取得は無権代理を有権代理にするための制度ではなく、また即時取得では前主との間に有効な取引行為が存在することが要件とされるため、即時取得が成立することはない。したがって、丙は目的物の所有権を取得することができない。

第2に、すると、丙は権限なく目的物を使用していることになるから、本来、甲は丙に対して使用利益の返還を請求できるはずである（703-704条）。しかし、丙が善意であるなら、189条1項が適用される。確かに乙が甲の代理人と名乗っている以上、丙からすれば、甲丙間には売買契約の効果が帰属しているように見えるが（→ 給付不当利得）、給付不当利得におけるのとは異なり、甲は丙との契約関係を生じさせるような行為は全くしておらず、また、もしこの場合の甲丙間の関係を給付不当利得と解したとすると、乙が当該目的物を自分の所有物と称したか、甲の代理人として振る舞ったかによって、甲丙間の法律関係は異なることになるが、甲のあずり知らないこのような事情によって、甲

丙間の法律関係が変化するのは奇妙である。

　さて、この無権代理事例における問題解決を小問1にそのまま延長するなら、ＡＣ間の関係は——給付不当利得ではなく——侵害不当利得であることになる。小問1も無権代理の事案だからである。すると、Ｃについて189条1項の保護が与えられることとなろう。

　しかし、小問1でＢの代理行為が無権代理とされたのは、Ａの心理留保によるものであり、その意味では売主の意思表示に瑕疵があったため、売買契約が無効となったケース、すなわち、給付不当利得と酷似している。またこの点で、乙が甲に無断で甲の代理人と称したケースと決定的に異なっているともいえる。さらにこのような理論的な理由に加えて、実践的に考えても、乙が甲に無断で甲の代理人と称したケースでは、善意の丙を保護するためには189条1項に頼るほかないが（つまり、丙が甲に対して不法行為責任等を追及することはできない）、小問1の場合には、たとえＣがＡに対して使用利益を返還しなればならないとしても、それによってもしＣに損害が生じているなら、前述のとおり、ＣはＡに対して不法行為責任を追及することができ、したがって、ＡＣ間の利益調整の面で不都合が生じることはない。要するに、ＡＣ間の調整は、189条1項によらなくても、不法行為などの他の法規範によって図ることができるのであり、とすると、ＡＣ間の関係を給付不当利得と解し、Ｃに使用利益の返還を求めたとしても、支障は生じないのである。

　以上のような理由もあって、小問1のＡＣ間の関係を給付不当利得と解するか、侵害不当利得と位置づけるかは、実は「難問」である。もっとも、これは「基礎」、「基本」を大きく超えており、「学問的」と称することのできる問題といえる。

　問題は、時として発展的な内容を含む。また民法典制定後、さらに研究が進むこともある。しかし、「基礎」、「基本」はあくまで条文である。したがって、①まずは条文に基づいた解決を示した後、②論拠を挙げつつ、その問題点を指摘し、③最後に修正された問題解決を提示する、というのが考察の手順である。この手順なくして、「基礎」、「基本」の深く、正確な理解に至る道はない。

▶物権、担保物権、債権各論（不当利得）

10 心裡留保と代理
——使用利益と費用負担の帰趨を含めて（その２）

[問題]

　Aは、数年前、シャガールのリトグラフ（版画）を40万円で購入した。このリトグラフは額縁に入れられており、価格の内訳はリトグラフ本体が35万円、額縁が5万円であった（以下、額縁を含め、「本件リトグラフ」という。）。その後、Aは、Bに本件リトグラフの保管を依頼したが、預けるさい、Bに対して「本件リトグラフを売却する代理権を与える」と言った。

　Bは、このAの発言に基づき、Aの代理人として、本件リトグラフを時価相当額の40万円（ここ数年、本件リトグラフの価格は変動していない）でCに売却し、引渡しをした。ところが、Aには本件リトグラフを売るつもりなどなく、AがBに代理権を与えると言ったのは冗談であった。

　以上の事案につき、次の小問に答えよ。なお、各小問は独立した問いである。

1 (1) Aは、Cに対して本件リトグラフの返還を請求することができるか。

　(2) CがAに対して本件リトグラフを返還することになった場合、AC間及びBC間の法律関係はどうなるか。

　　　　　　　　　　（小問1については、第9講で検討した。）

2 　本件リトグラフの引渡しを受けたCが確認してみると、額縁の一部が傷んでおり、このままではリトグラフ本体の損傷をまねくおそれがあったので、Cは2万円かけて額縁を修理したうえ、──ABC間の上記の事情を知らず、かつ、知らないことに過失のない──Dに本件

リトグラフを賃貸し、引渡しをした。
　この場合、その後、上記の事情が判明したとすると、AC間及びAD間の法律関係はどうなるか。

■ 小問2について〔基礎編：総論〕

　Cが本件リトグラフの額縁を修理した場合、AC間の法律関係はどうなるか。本件リトグラフの所有権の帰属が関係するので、小問1(1)を振り返ってみよう。

　AのBに対する意思表示は心裡留保であり、BがAの真意を知らず、かつ、知りえなかった場合、Aの意思表示は有効とされ（93条本文）、Bは本件リトグラフを売却する代理権を有することになる。すると、Bの代理行為の効果はAに帰属し、Cは本件リトグラフの所有権を取得する。ただし、その場合でも、CがAの真意を知り、ないし、知りうるとき、――AがCに対して直接意思表示をした場合以上に――Cを保護すべき理由はないから、Bが善意無過失でも、AはCに対してBの代理行為の効果が自身（＝A）に帰属しないと主張することができる。

　他方、BがAの真意を知り、ないし、知りうるとき、AのBに対する意思表示は無効であり（93条ただし書）、Bに代理権はないから、Bの代理行為の効果はAに帰属しない（113条1項）。したがって、Cは本件リトグラフの所有権を取得しないが、CがAの真意を知らない場合、Cとの関係では、Aの意思表示につき94条2項が類推適用され、AはBに対する意思表示が無効であることをCに主張できない結果、Cから見れば、Bには代理権があったことになる。そのため、Cは本件リトグラフの所有権を取得するが、Bが善意無過失であった場合以上に、Cを強く保護すべき理由はないから、CがAの真意を知りえたときには、AはCに対してBの代理行為の効果が自身（＝A）に帰属しないと主張することができる。

　以上が小問1(1)の要約であり、結局、①CがAの真意を知らず、かつ、知りえなかった場合、Cは本件リトグラフの所有権を取得し、他方、②CがAの真

意を知り、ないし、知りえた場合、本件リトグラフの所有者はAとされる。そして、これに則してAC間及びAD間の法律関係を概観するなら、

　まず、Cが本件リトグラフの所有者である場合（上記①）、Cが額縁を修理したとしても、自身の所有物に費用をかけただけで、AC間に特段の法律関係は生じない。また所有者でないAがDに対して請求しうるものはない。

　他方、Cが本件リトグラフの所有権を取得しない場合（上記②）、所有者たるAがCやDに対して本件リトグラフの返還を請求することなどが考えられる。以下、AC間、AD間の順に検討していこう。

■ 小問2について〔基礎編：AC間の関係〕

[1] 費用償還と留置権：AがCに返還請求をした場合、Cは留置権を主張することが考えられる。すなわち、

　($a-1$) Cは額縁を修理したが、それはリトグラフ本体の損傷を避けるためであった。すると、そのために費やされた2万円は必要費であり、CはAに対して直ちに（全額の）償還を請求することができる（196条1項。費用を出費した当時、Cは直接占有者であり、現在も間接占有者である。なお、額縁の修理に部材等が使用された場合、付合〔243条〕に基づく償金請求〔248条〕も問題となるが、196条は703-704条の特則とされているので、以下では、償金請求にはふれないこととする）。

　($a-2$) もっとも、Cが果実を取得した場合、CはAに「通常」の必要費の償還を請求することはできない（賃料〔＝法定果実〕については、後述する）。しかし、時価5万円の額縁を2万円かけて修理するのは「通常」とはいいがたく、「特別」の必要費であろう。すると、CのAに対する必要費の償還請求は認められることになる。

　($a-3$) この必要費は本件リトグラフの修理費用であり、その償還請求権は「その物に関して生じた債権」（295条1項本文）といえ、「直ちに」請求できる以上（196条1項）、弁済期にある（295条1項ただし書参照）。

　Cはこのような考え方に基づき留置権を主張するものと思われる（なお、Cが目的物保管中にさらに費用を投下した場合、これも留置権の被担保債権となる〔299条1-2項〕。しかし、**小問2**の費用は留置権の成否そのものに関わるものであり、留置権

が成立した後に支出されたものではないので、299条は問題とならない）。

　これに対して、Aはどのように反論するであろうか。留置権の成否、範囲、消滅請求の順に見ていこう。

　（β-1）占有が不法行為によって始まった場合、留置権は認められない（295条2項）。本問の場合、CはBから本件リトグラフの引渡しを受けているが、Cによる所有権取得が認められないのは、CがAの真意を知り、ないし、知りえた場合であり（上記②）、すると、そのような状況のもと、Cが——Aの意に反する形で——引渡しを受けることは「不法行為」と解する余地がある（なお、Cが善意無過失でも、Bの代理行為の効果がAに帰属しないことをC自身が認めることはありうるが〔小問1(1)参照〕、この場合、295条2項は問題とならない）。

　しかし、295条2項の「不法行為」の意義をめぐっては、議論がある。すなわち、これを709条の「不法行為」と同じ意味にとらえる見解があり（議論を含め、道垣内弘人・担保物権法〔第3版〕(2008年) 24-25頁参照）、これによれば、上記の理由から、Cの留置権が認められない可能性もある。しかし、盗んだ物に費用をかけた盗人が留置権を主張できないのは当然だが、無権限であることを過失によって知らない占有者には留置権を認めるべきであるとの説もあり（柚木馨＝高木多喜男・担保物権法〔第3版〕(1982年) 26-28頁）、これによれば、CがAの真意を現に知っていた場合は格別、そうでない限り、Cの留置権は認められることになる。

　さて、本問の場合、Bの代理行為がされた発端はAの心裡留保にある。すると、CがAの真意を現に知っていた場合は別として、そうでない限り、Bと売買契約を締結して引渡しを受けたCの行為が「不法行為」に当たるかは疑問である。また心裡留保の張本人であるAがCに必要費を払うことなく、修理された本件リトグラフを手にするのは——後日、Cの費用償還請求が認められるとはいえ——バランスを失している。すると、295条2項の「不法行為」の意義はともかくとして、少なくとも本問では、CがAの真意を知らずに必要費を支出していた場合、Cの留置権は認められるべきであろう。

　（β-2）Cはリトグラフの額縁に費用をかけたことを理由に、リトグラフ本体まで留置できるか。

　Cがリトグラフ本体に費用をかけた場合、本体を主物、額縁を従物と解する

10　心裡留保と代理　97

なら（本体と額縁との価格差に注意）、本体のみならず、額縁も留置することができる（87条1－2項参照）。しかし、**小問2**はこの逆である。

ところで、「留置権の物的範囲」については、従物や付合物（242-243条）のほか、①目的物の留置に必要不可欠な他の物、あるいは、②目的物の結合が被担保債権発生の前提となっている他の物にも及ぶ、とされている（道垣内・前掲書28頁参照）。リトグラフ本体は額縁の従物ではないし、両者は付合していない。また分離可能な別々の物であり、「必要不可欠な他の物」（上記①）ともいえない。しかし、額縁に必要費が投下されたのは──額縁そのものというより──リトグラフ本体の損傷を防ぐためであり、すると、本体そのものに費用をかけたのと比肩しうる。したがって、上記②の基準を満たすものとして、留置権はリトグラフ本体に及ぶと解すべきであろう。

なお、この問題と296条が異なることには注意を要する。296条はその物に留置権が及ぶことを前提としており、その意味で「留置権の物的範囲」は296条の前提問題といえる。

（β－3）CはDに本件リトグラフを賃貸している。留置権者は留置物から生じる果実を自己の債権の弁済に充当することができる（297条1項）とされており、民法はこのような事態を想定しているといえる。しかし、そのためには債務者（＝目的物の所有者）の承諾が必要で（298条2項本文）、承諾を得ていない場合、債務者は留置権の消滅を請求しうる（同条3項）。Aは留置権の消滅を主張できるであろうか。

ところで、債務者の承諾がなくとも、留置物の保存に必要な使用は許される（298条2項ただし書）。判例によれば、賃借人が賃貸借契約終了後に目的物たる家屋に居住することは認められている（大判昭和10・5・13民集14巻10号876頁）。しかし、留置権行使中に、目的物を新たに賃貸することは許されないとされる（道垣内・前掲書34頁）。

小問2の場合、CはDに本件リトグラフを賃貸しており、C自身が使用しているわけではない。しかし、CがDに賃貸したのはAが現れる前であり、留置権行使中に使用状態を変更したわけではない（留置権が所有者の登場を待って発動する権利であることに注意）。そして、298条2項違反が留置権の消滅という強力な効果をもたらす点を勘案するなら（同条3項）、従前の使用状態を継続して

いる限り、原則として違反には当たらないと解すべきであろう（道垣内・前掲書34頁も参照）。よって、Aの消滅請求は認められず、Cは本件リトグラフを留置できることになる。

[2] 果実と使用利益：AC間の法律関係については、Cによる果実取得も問題となる。この問題は小問1(2)で検討した使用利益とも関連する。

まず、CがDから得る賃料は法定果実である（88条2項）。そして、Aが登場し、Cに対して返還請求をした場合、少なくともそれ以降、Cは悪意の占有者とされ、Aに対してDから得た賃料を返還しなければならなくなる（190条1項）。

なお、留置権に基づき目的物の使用が認められても、留置権者が無償で使用できることにならない点には注意を要する。賃借した家屋に費用を投じた賃借人は、賃貸借契約終了後もその償還を受けるまで、当該家屋に居住できるが、賃料相当額を賃貸人に支払わねばならないのである（賃貸人がこの2つの債権を相殺した場合、被担保債権が消滅し、賃借人は留置権を失う）。この理は果実にも妥当し、Cは留置権を行使しているからといって、果実を無償で得られるわけではない（297条1項はこのことを前提としている）。もっとも、留置権者は留置物から生じる果実を被担保債権の弁済に充当することができる（297条1項）。すると、Aが登場した後、CがDから2万円分の賃料を受け取った時点で、CのAに対する被担保債権は消滅するから、Cは留置権を失い、本件リトグラフをAに返還しなければならない。

ところが、CはAが登場する前から、本件リトグラフを使用し、Dに賃貸している。そして、本問の場合、Cが善意であっても、189条1項は妥当せず、CはAに使用利益を返還しなければならないとも考えられる（小問1(2)〔応用編〕参照）。そして、もしそうであるとすると、すべての使用利益と賃料が被担保債権の弁済に当てられるべきで、Aの登場後の果実に限られることはないことになる。

■ 小問2について〔基礎編：AD間の関係〕

　AD間の関係については、本件リトグラフの返還請求のほか、Dの使用利益の帰趨が問題となる。

　まず、Cが本件リトグラフの所有権を取得していない場合、Dは他人物賃貸借における賃借人であり、——CD間の賃貸借契約自体は有効であるものの（560条、559条）——DはAに対する関係では賃借権を主張できず、AはDに対して本件リトグラフの返還を請求できるはずである。では、例外はないであろうか。

　まず、本件リトグラフは動産であるが、賃借権は即時取得（192条）の対象とならないので（物権たる質権と債権たる賃借権との構造上の相違を含め、第5講参照）、Dが善意無過失でも、賃借権の即時取得は認められない。

　次に、94条2項も問題となるが、少なくとも「所有者でないCが本件リトグラフを占有することで、所有者らしき（虚偽の）外観が作出された」との理由から、その（類推）適用を認めることはできない。賃借人や使用借主、あるいは受寄者などを思い起こせば分かるように、目的物を占有している者が所有者とは限らない。すると、所有者でない者が動産を占有しているだけで、直ちに——所有者らしき——（虚偽の）外観が作出されたと評価することはできない（所有者の名義が登記される不動産登記とは異なる。ただし、〔応用編〕も参照）。

　さらに、動産賃借権の対抗力を認める見解（第5講参照）を採っても、DはAに賃借権を主張することはできない。賃借権の対抗力とは、賃借人が所有者たる賃貸人（＝正統な権原を有する者）から賃借したことを前提に、その賃借権を第三者に主張できることを意味し、賃借人に正統な権原があることが前提とされている。したがって、他人物賃貸借における賃借人の権利に対抗力は認められないし、そもそも**小問2**は対抗力が問題とされるべき場面ではない。

　このように、結局、AのDに対する返還請求は認められることとなる。

　では、Aは目的物の返還に加え、Dに対して使用利益の返還を請求できるか。本件リトグラフはAの所有物であり、DはAに無断で使用しているから、不当利得に基づく請求が可能なように見える（703-704条）。

　これに対して、Dとしては、①Cとの賃貸借契約に基づいて使用しているか

ら、「法律上の原因」がある、②Cに対して賃料を払っているから（あるいは、賃料債務を負っているから）、「利得」がない、③占有者であるから189条1項が適用され、使用利益も果実と同じ扱いがされる結果、善意であれば使用利益を返還しなくてよい（＝「利得」には189条1項という「法律上の原因」がある）、といった反論が考えられる。

　しかし、①については、所有者でないCとの契約が所有者たるAとの関係で「法律上の原因」とされることはなかろう。

　②については、確かに小問2ではこのような理解も可能だが、Dがさらに第三者により高い賃料で本件リトグラフを転貸していたとき、Cに対して支払う賃料と第三者から得られる賃料との差額については189条1項が適用されるはずであるから、使用利益も189条1項の問題としてとらえる③のほうが統一的な解釈といえる。のみならず、②によれば、Cが所有者でないことをDが知っていても、Dは——Cに対して賃料を払っていた場合——Aの請求を拒むことができるが、悪意のDにそのような保護を与えてよいかは疑問である。事情を知っているなら、DはCからでなく、Aから本件リトグラフを借りればよかったのである。

　加えて、同じく占有者の保護を目的とする即時取得とのバランスも、③の論拠となりうる。すなわち、もしDが本件リトグラフをCから買っていたとすると、Dが善意無過失なら即時取得（192条）が成立し、悪意ないし過失があれば成立しないが、このとき、DがCに対して代金を払っていたか否かは——Aとの関係では——Dの保護のあり方に影響を及ぼさない。つまり、Dの要保護性は専らDの主観的態様によって判断され、対価支払の有無は考慮されないのである。すると、——占有者の保護という意味では趣旨を同じくする——使用利益の返還の要否についても、Dの主観的態様を基準とした判断がされるべきであろう。

　189-196条は「占有権の効力」という節に入れられているが、主たる目的は取引安全にある。他人物売買における買主を典型例として想定したうえ、最も強力な保護として即時取得（192条）を用意し、しかし、それが認められない場合でも、189条1項、191条本文、196条1－2項による保護が与えられる、という構造になっているのである。民法典制定後、ドイツ法の影響からか、即時取

得については、所有権の取得原因としての側面が強調され、今日の教科書では176-178条の直後に取り上げられ、「占有権の効力」としてはふれられないことが多いが、189-196条が同じ目的をもった連続的な規定である点には注意を要する。

なお、小問2では、AD間に直接的な契約関係は全く存在しておらず（この点で第9講で検討したAC間の関係とは異なる）、Dは無権利者であるCから本件リトグラフを賃借することで、Aの所有権を侵害している。そこで、AはDに対して目的物のみならず、使用利益の返還を求めることになるが、このような場面の不当利得は——第9講でも簡単にふれたが——「侵害不当利得」と呼ばれる。そして、「給付不当利得」と異なり、「侵害不当利得」にあっては、189条1項が適用される。「侵害」なのに189条1項の保護が与えられるのは、語感からして奇妙であるが、上記のとおり、その背景には取引安全がある。そして、その究極的な形態が即時取得なのである。

さて、小問2でDは善意無過失とされる。したがって、AのDに対する使用利益の返還請求は認められない（189条1項参照）。ただし、CD間に賃貸借契約が存在する以上、Dは実際に本件リトグラフを賃借できた期間の賃料をCに支払わねばならない（AはCにそれを不当利得として請求することになる）。仮にCがDに本件リトグラフを売却し、Dについて即時取得が成立した場合、即時取得は原始取得であるが、Dは売買契約に基づきCに対して代金を支払わねばならず（Dが所有権を取得した以上、Cは結果として他人物売買における売主の義務〔560条〕を履行したことになる）、AがCに対してその代金を不当利得として請求するのと同じ構造である。

他方、仮にDが悪意で、Aに使用利益を返還しなりればならないとすると、DはCに対して既払賃料の返還を請求できることになろう。

■ 小問2について〔応用編：AD間の関係〕

もし仮りにAがCに対して本件リトグラフを売却したが、AのCに対する意思表示が心裡留保で、CがAの真意を知り、ないし、知りえたとすると、Aの意思表示は無効とされる。しかし、AC間に売買契約があることを前提に、D

がCから本件リトグラフを賃借したなら、Dについて94条2項が類推適用されよう。その理由は次のとおりである。

まず、前述のとおり、占有者は所有者とは限らず、所有者でない者が動産を占有していても、直ちに虚偽の外観の存在を認めることはできない。もしこれを認めると、動産の賃貸人は賃借人に当該動産を引き渡すことで「虚偽の外観」を作出していることになり、賃借人が第三者に当該動産を売却した場合、第三者が善意であれば、所有権を取得できることになる。しかし、これでは192条は無用な規定となるし、そもそも賃貸人が賃借人に目的物を引き渡すのは「虚偽の外観」でなく、まさに「実体にかなった外観」といえる。

しかし、上記の心裡留保の例で問われているのは、占有者が所有者らしく見えるか否かという「外観」の問題でなく、真意でないことを認識しつつ、意思表示をした表意者とそれを前提に法律関係に入った第三者のいずれを保護すべきかという──94条2項が本来的に想定している──問題である。すると、Cが──AC間の売買契約を背景として──Dに対して所有者として本件リトグラフを賃貸した場合、Dが善意であるなら、Aは、Dとの関係では、自身（＝A）のCに対する意思表示が無効である旨を主張できないとすべきであろう。そして、この場合、ACD間の法律関係の簡易化を図るなら、CD間の賃貸借関係は──Aが意思表示の無効を主張し、Cから指図による占有移転（184条）を受けた時点で──AD間に移転するとすべきことになる（詳しくは、第4講、第5講、第6講参照）。

さて、本問の場合、AはCではなく、Bに対して意思表示をしている。したがって、AD間の関係を「A→B→C→D」と考えるなら、Dはあたかも転得者のような地位に立つことになるが、94条2項の「第三者」には直接の第三者のみならず、転得者も含まれる（最判昭和45・7・24民集24巻7号1116頁）。また効果帰属主体の観点から考えるなら、AD間の関係は「A→C→D」とされ、Dは直接の第三者といえる。つまり、いずれにせよ、Aとの関係で、Dには94条2項の保護が与えられてよいはずである。

94条2項の類推適用により、AがDとの関係で自身（＝A）の意思表示の無効を対抗できないとすると、Dは所有者たるCから本件リトグラフを賃借したことになり、Aの返還請求に応じる必要はない。そして、Aが自身の意思表示

の無効を主張し、Cから指図による占有移転（184条）を受けた時点で、賃貸人の地位はCからAに移転する（動産賃借権の対抗力の有無を問わず、DがAの賃借人となりうる点を含め、詳しくは第5講参照）。また、Dは常に――Dから見て――真の所有者から本件リトグラフを賃借していることになるから、AD間に不当利得関係が生じることはなく、189条1項も登場しない（ただし、仮にDに過失があり、かつ、94条2項の類推適用における第三者の主観的要件として無過失まで要求した場合、DはAとの関係で賃借権を主張できないものの、使用利益については189条1項の保護を受けることになる。もっとも、189条1項については、占有者の無過失まで要求する見解もある）。

　第9講でも第10講でも、すべて「基礎」、「基本」から出発した。しかし、論ずべき事柄はこれほど多い。「基礎」、「基本」の習得は容易ではない。

▶債権総論

11 債権譲渡と保証人の地位
——弁済者の保護と求償権の成否

[問題]

Bは、Aからお金を借りるさい、Cに頼んで保証人になってもらった。その後、AはBに対する債権をDに譲渡し、Bに対して確定日付のある証書により、その旨の通知をした。

以上の事案について、次の小問に答えよ。なお、各小問は独立した問いである。

1 上記の事案について、
  (1) BD間及びCD間の法律関係を確認したうえ、
  (2) AからDに債権が譲渡されたことを知ったCが、Bに照会することなく、Dに対して保証人として債務を履行し、その後、Bに対して求償したところ、BはDに対して——既に弁済期の到来している——別の債権（以下、「甲債権」という。）を有しており、Bとしては、AからDに譲渡された債権と自分（＝B）がDに対して有する甲債権を相殺するつもりであった、という場合、BC間及びCD間の法律関係がどのようになるかを説明しなさい。
2 Cは、AD間で債権譲渡がされたことを知らず、債権者であると偽ったAから請求を受けたため、Bに対して照会したが、特に回答がなかったので、Aを債権者と信じて、Aに対して保証人として債務を履行した。この場合、CD間、BD間、BC間の法律関係はそれぞれどうなるか。

■ 小問1(1)について

　BD間とCD間の関係を確認してみよう。

　まず、AはBに対する債権をDに譲渡し（466条1項本文）、確定日付のある証書によりBに通知をした（467条1‐2項）。したがって、この債権はDに移転し、対抗要件も具備しているので、DはBに対して債権者であることを主張することができる（ただし、同債権につき、譲渡禁止特約がされている場合は別である。466条2項）。

　次に、CはBの債務について、Aに対して保証債務を負っている。保証債務は主たる債務の履行を担保するためのものであるから、Aの債権がDに譲渡されれば、それに伴ってCの保証債務もDに対する債務となることになる（いわゆる随伴性）。

　もっとも、CD間の関係について、次の2点は確認を要する。

　第1に、Bに対する債権者がAからDに入れ替わることに伴って、Cの保証債務もDに対する債務となるが（随伴性）、これは保証債務の性質（つまり、趣旨目的）からそのようになるのであって、たとえばCD間であらためて合意をする必要はなく、またこの移転について独自の対抗要件等が要求されることもない。つまり、AがBに対してDに債権を譲渡したと通知をして、Bに対する対抗要件が具備されれば、DはCに対する関係でも保証債務の履行を請求できることとなる（大判明治40・4・11民録13輯421頁にはじまる判例法理であり、同旨の判決として、大判大正6・7・2民録23輯1265頁などがある）。他方、保証人に対して債権譲渡の通知がされただけでは、主たる債務者に対してはもちろん、保証人に対する関係でも譲渡を対抗することはできないとされている（大判昭和9・3・29民集13巻4号328頁）。

　第2に、——本問と異なり——AのBに対する通知が確定日付のない証書によってされた場合、DはBに対する関係では債権譲渡がされたことを主張できるが（467条1項）、Cに対して同様の主張ができるかという問題がある。つまり、保証人は467条2項の「第三者」に当たるかという問題である。そして、古くは保証人を「第三者」と解する学説もあったが、判例はこれを否定し（大判大正元・12・27民録18輯1114頁）、今日では学説も判例と同じ立場を採っている。

467条2項の「第三者」の意義については、一般に「通知ノ欠缺ヲ主張スルニ正当ノ利益ヲ有スル者」（大判昭和8・4・18民集12巻8号689頁。大判昭和9・6・26民集13巻15号1176頁も同旨）、あるいは「譲渡された債権について譲受人と両立しえない法律的地位を取得した第三者」（我妻栄・新訂 債権総論（1964年）543頁）とされているが、保証人は少なくとも後者の定義には当てはまらないし、また上述のように、保証人に対して独自の通知ないし承諾が必要とされていないことから推し量るなら、前者の定義にも当たらないと解するのが素直であろう。さらに実質的に考えても、保証人は主たる債務者が債務を履行できない場合に、主たる債務者に成り代わって債務を履行する者であるから、主たる債務者と同等に扱ってよいはずである。すると、保証人は467条2項の「第三者」には当たらず、その結果、AからBに対する債権譲渡の通知が確定日付のない証書によってされたとしても、DはCに債権者であると主張できることとなる。

■ 小問1(2)について

　Cは、Bに照会することなく、Dに対して債務を弁済している。この場合、BC間の関係はどうなるであろうか。

　保証人が債権者に保証債務を履行し、主たる債務者の債務を消滅させたとき、保証人は主たる債務者に求償することができる。そして、求償しうる具体的な額は、主たる債務者が保証を委託していたか否か、また委託がされていなかった場合、保証人となったことが主たる債務者の意思に反していたか否かによって変わってくる（459条2項〔→442条2項〕、462条1-2項）。本問の場合、CはBから頼まれて保証人となっており（Bから依頼を受け、CはAと書面によって保証契約を締結したはずである。446条2項参照）、Cは実際にDに支払った金額に加え、法定利息等もBに求償できるはずである（459条1-2項、442条2項）。

　しかし、保証人が債権者に弁済をするさい、——上記のいずれの保証人にあっても——その旨をあらかじめ主たる債務者に通知することになっている（463条1項、443条1項前段）。主たる債務者が債権者に対して主張しうる事由を有していることもあるので、主たる債務者にその行使の機会を与えるためである。

そして、小問1の場合、BはDに対して既に弁済期にある甲債権を有しており、Bとしては、AからDに譲渡された債権と甲債権を相殺するつもりであったというのであるから（505条1項本文）、BはDに「対抗することができる事由（＝つまり、相殺の可能性）」（443条1項前段）を有していたことになる。すると、Bは相殺が可能であった範囲内で、Cの求償を拒むことができる。

もっとも、CはBに求償できない一方、Cの弁済によってBの債務が消滅したことは確かである。とすると、甲債権の帰趨が問題となる。すなわち、

CがBに求償できないのは、BがDに対して甲債権を有していたためであるが、BのDに対する債務が消滅する一方で、甲債権がBにとどまり続けるとすると、Bは二重の利得を得ることになる。なぜなら、もしCがDに弁済をせず、そのため、Bが甲債権を用いた相殺によって、Dに対する債務を免れたとすると、Bは甲債権を失っていたはずだからである。そこで、甲債権は——Bに対して求償することのできない——Cに与えられることになる。すなわち、主たる債務者が弁済をした保証人に対し、相殺を理由に求償を拒んだ場合、保証人は債権者に対して「相殺によって消滅すべきであった債務の履行を請求することができる」とされているのである（463条1項、443条1項後段）。

なお、これに関連して、次の3点には注意を要する。

第1に、条文の文言では、単に「債務の履行を請求することができる」とされているが、その根拠として、甲債権はBからCに法律上当然に移転すると解されている。

第2に、この甲債権の移転につき、対抗要件の具備を要求する見解は見当たらない。確かにDとの関係を考えるなら、Dはほかならぬから弁済を受け、Cの存在を知っているから、Dとの関係で通知ないし承諾を要求する意味は乏しい。他方、Bが甲債権を第三者に譲渡し、この譲渡について対抗要件が具備される前に、CがDに弁済をしたとすると、この第三者とCとの優劣関係をどのように解すべきかは一考を要する問題である。

さて、この場合、甲債権を第三者に譲渡したBがCからの求償を——相殺を理由に——拒みうるかは疑わしいが、債権譲渡の対抗要件が備えられていないことから、Bの拒絶を認める余地もある。しかし、そのように解したとしても、この場合、Dの側からもAから譲渡を受けた債権と甲債権を相殺すること

ができ、すると、第三者は甲債権を失うことになる。つまり、第三者はBD間の決済関係に劣後する地位にあり、そして、CはそのBに入れ替わっただけであるから、——Cには事前の通知を怠ったという問題点があるため、やや微妙ではあるが——C（すなわち、BCD間の決済関係）は第三者に優先してもよいことになろう（事前の通知とはBのためにするものであって、Bから債権譲渡を受けた第三者のためにするものではない点にも注意）。すると、甲債権の移転について、第三者との関係でも対抗要件の具備は必要とされないこととなる。

第3に、たとえばAのBに対する債権を被担保債権として、B所有の不動産に抵当権が設定されていたとすると、AからDへの債権譲渡に伴って、抵当権者もAからDに入れ替わる（随伴性）。そして、保証人であるCがDに弁済をした場合、CはBに対する求償権を取得するとともに、その求償権を確保するため、弁済による代位によって——DのBに対する債権を被担保債権とする——抵当権を当然に取得する（法定代位。500条）。しかし、小問1では、Cは事前の通知を怠り、かつ、BがDに「対抗することができる事由」を有する以上、CはBに対して求償することができず、そのため、弁済による代位も生じない。つまり、上記のとおり、Cは甲債権を取得するにとどまるのである。

■ 小問2について〔基礎編〕

CはBに照会したのに、Bから回答がなかったため、AD間で債権譲渡がされたことを知らずに、Aを債権者と信じて弁済をした場合、Cはどのような保護を受けることができるか。

まず、AD間で債権譲渡がされ、対抗要件も具備されているので、AのBに対する債権は——B及びCとの関係でも——Dに移転し、Cの保証債務はDに対する債務となる（随伴性）。CがAD間の債権譲渡を知らなくても、この点は同様である。上述のとおり、債権譲渡につき、保証人に対して通知をすることは要求されておらず、このことからもCの認識が問われないことは推察されよう。すると、Cとの関係でも、債権者はDであって、Aではないから、CがAに対して保証債務を履行しても、弁済の効力は認められない。

しかし、CはBに対して事前の通知をしたうえ、Aに弁済をしているから、

Aを債権者と信じたことに過失がなかったとも考えられる。そして、そうであるなら、CのBに対する保証債務の履行は債権の準占有者に対する弁済として、その効力が認められ（478条）、Dに対する保証債務は消滅する。これに対して、Cに過失があった場合、CのDに対する保証債務は消滅せず、Cとしては、Aに対して不当利得の返還（703-704条）、あるいは不法行為責任（709条）を追及することになる。

ところで、Cに過失がなく、CのAへの弁済がDに対する保証債務の履行としての効力が認められる場合、BD間の関係はどうなるであろうか。

Dとの関係で保証債務が履行されたのと同じ状況になっている以上、BのDに対する主たる債務も、保証債務が履行されたことを理由に消滅する、という考え方もありうる。しかし、主たる債務と保証債務は──確かに関連しているものの──一応、別個独立の債務であるから、保証債務の履行によって主たる債務が消滅するのはノーマルな状況を想定してのことであり、例外的な事象に対しては──理由があるなら──例外的な取扱いをしてもよいはずである。そして、次の理由から、BのDに対する債務は消滅しないと解すべきであろう。

第1に、478条は、文言から明らかなように、実際に弁済をした者の保護を目的としているが、**小問2**の場合、主たる債務者であるBは誰にも弁済をしていない。そして、真の債権者であるDは誰からも弁済を受けていない。すると、DのBに対する請求は認められると解するのが素直である。

第2に、もしDがBに対して請求できないとすると、結局、Dは自身の落ち度ではなく、主たる債務者であるBの懈怠（＝Cの照会に回答しなかったこと）によって、まさにそのBに対する債権を失うことになる。これは明らかにバランスを失している。

このように考えると、結局、DはBに対する債権を失わず、ただ、それを担保していたCの保証債務が消滅する、と解すべきこととなろう。XがYに債権を有し、Zが保証人となっている事案で、XのYに対する債権が消滅時効にかかり、Yは時効の利益を放棄したが（146条参照）、Zが時効を援用した（145条）場合、XはYに対する債権を失わないが、──Zは援用権者であり、かつ、Yの放棄の効果はYにしか及ばない（相対効）から──Zの保証債務は消滅する。上記のBD間、CD間の関係もこれと同様である。

では、CのAに対する弁済がDに対する保証債務の履行として認められる場合、CはBに対して求償できるであろうか。
　確かにCのAに対する弁済は、債権の準占有者に対する弁済として有効である（478条）。加えて、CはBに対して事前の通知をしている（463条1項）。したがって、CはBに求償できるように思える。しかし、そもそも保証人が主たる債務者に求償できるのは、「〔主たる〕債務を消滅されるべき行為をしたとき」である（459条1項）。ところが、小問2では、上述のとおり、BのDに対する債務は消滅していない。すると、免責行為がされていない以上、事前の通知の有無を問わず、CはBに求償できないこととなろう。

■ 小問2について〔応用編〕

　CはBに求償できないという〔基礎編〕で示した解決は、事態適合的なものであろうか。もしこのように解すると、Cが不利益を避けるには、Aに支払った金銭をAから回収するほかない。そして、478条が弁済者の保護を目的とし、債権の準占有者に利益を与えるための規定でないことを考えるなら、弁済者は真の債権者との関係で弁済の効力を主張し・う・る・だけで、主張しなければな・ら・な・い・わけではなく、したがって、弁済者のほうから弁済の効力を否定し、債権の準占有者に対して不当利得の返還（703-704条）を求めることは可能と解すべきであろう。
　しかし、そうなると、CはDに対して保証債務を負うことになるし、またAから債権を回収することが本当に可能なのかという問題も出てくる。Aが無資力であることもあるからである。そして、このような事態を招いた原因はBがCの照会に回答しなかったことに由来しており、すると、Aの無資力のリスクはCではなく、Bが負担すべきであろう。したがって、CのBに対する求償、あるいは、何らかの請求が認められるべきである。はたしてそのような解釈は可能であろうか。次の2つの方向性が考えられうる。
　第1に、CのBに対する求償を認める考え方がある。その理由としては、459条1項が——462条1項の用いる「債務を免・れ・させたとき」という文言と異なり——「債務を消滅さ・れ・るべき行為をしたとき」という表現を使い、「消滅

11　債権譲渡と保証人の地位　111

させる行為」とはしていないことから、CのAに対する弁済がDに対する関係で効力が認められる場合、それは「〔Bの〕債務を消滅されるべき行為」に当たる、という（文言）解釈である。

　ただし、459条1項と462条1項とでは、確かに文言の使い分けが自覚的にされているが、それは次の理由からで、小問2のような事例を想定しているわけではない。すなわち、

　459条1項の想定する委託を受けた保証人の事例においては、主たる債務者が弁済をして、債務を消滅させたが、そのことを保証人に通知せず（＝事後の通知。463条2項、443条2項）、そのため、まだ弁済がされていないと信じた保証人が主たる債務者に事前の通知をしたうえ（463条1項、443条1項）、債権者に保証債務を履行したとき、本来であれば、主たる債務者の弁済によって債務は消滅しているから、保証人は求償権を得られないはずであるが、463条2項の準用する443条2項の趣旨から、例外的に保証人の主たる債務者に対する求償権が認められることになる。すると、459条1項の文言としては、「消滅させる行為」ではなく、「消滅させるべき行為」とするのが正確である。

　このように、459条1項の文言は、小問2のような事案を想定したものではない。しかし、同項の文言に新たな意味を盛り込むことは、論理的には可能である。

　第2に、CのBに対する求償権は否定しつつも、CがBから委託を受けて保証人になった点に着目し、Cから事前の通知を受けたBがCに回答しないのは、BC間の保証委託契約上の義務（契約の〔補充的〕解釈、あるいは信義則から導かれる）に対する違反であり、Cに損害が生じた場合、BはCに対して債務不履行責任（415条前段）を負う、という考え方もありうる。

　小問2の場合、この2つの考え方はいずれも成り立つ。しかし、CがBから委託を受けることなく、保証人となっていた場合、Aから「AD間で債権譲渡がされた」との通知を受けたBが、その後、見ず知らずのCから「Aに弁済をする」との連絡を受けても、不審に思って、あるいは、気にもとめず、Cに対して債権譲渡の事実を伝えないという事態は十分にありうるし、そのようなBを責めることはできない。すると、この場合にCがBに対して求償できるとするのは疑問であり（Cの弁済によってBの債務が本当に消滅するなら、Bは利得を得

ているから、求償に応じなければならないが〔462条1-2項〕、上述のとおり、この事案にあっては、CがAに弁済をしても、BのDに対する債務は消滅しない）、となると、BC間の関係（保証委託契約の有無）に配慮した問題解決がされるべきこととなろう。この意味では、第2の考え方のほうが、BC間の関係に正面から着目している点で、事態を適切に把握できる枠組みといえよう。加えて、たとえばCが事前の通知をした後、あまり時間をおくことなく弁済をした場合、さらにBの回答が遅れたことに応分の理由がある場合、第2の考え方のほうが、損害額の認定や過失相殺等を通じて、弾力的な解決を実現できるというメリットもある。

　もっとも、委託を受けずに保証人となった者がいきなり主たる債務者に事前の通知をしてきたという上記の事案については、前記の第1の考え方を採ったとしても、事態適合的な解決、すなわち、CのBに対する求償権を否定するという帰結を導くことは可能である。なぜなら、そもそも462条1項は「債務を免れさせたとき」というように、459条1項とは異なる文言を用いており、また委託を受けていない保証人から事前の通知を受けた主たる債務者が回答をしなかったとしても、──例外則を設けるに足りるほど──Bの行動は信義則に反しているとはいえないからである。つまり、第1の考え方のもとでも、委託を受けた保証人と委託を受けていない保証人とで異なった取扱いをすることは可能であり、すると、第1の考え方も解釈論として十分ありうることになる。

　では、小問2の事案を少し変えて、「Aから請求を受けたCが、Bに照会することなく、Aを債権者と信じて、Aに対して保証人として債務を履行した」場合、Cはどのような法的地位に立つであろうか。

　保証人が事前の通知を怠ったとき、主たる債務者に対する求償の範囲は制限される（463条1項、443条1項）。しかし、これはBがDに対して「対抗することができる事由」を実際に有していた場合の話である。したがって、このような事由が存在しない場合、CはBに求償できることになりかねない。もっとも、小問2〔基礎編〕でふれた原則論からいえば、CはBのDに対する債務を消滅させていないから、Bに対して求償できないはずであり、──〔応用編〕で検討してきた──この原則論に対する例外（＝原則論の修正）は、CがBに対して事前の通知をしなかった事案には妥当しない、と考えることもできる。

しかし、そもそもそれ以前の問題として、Bに事前の通知をすることなく、CがAに弁済をした場合、Cには過失があり、478条は成立せず、その結果、CはBに対して求償できないだけでなく、Dに対する自身の保証債務を免れることもできない、と考えるのが素直であろう。確かに事前の通知はBの保護を目的とする制度であるが、それをしなかったことが478条における「過失」と評価されても——「過失」の有無は状況依存的な総合的評価によるから——差しつかえあるまい。

　「基礎」、「基本」は、時として、修正を要する。しかし、そこで求められているのは、根拠なき「感性」ではない。当事者の公正と公平、より具体的にいえば、ミスを犯した者がリスクを負担する構造になっているか否かという利益状況に着目し、それを指導理念としつつも（＝これは「問題提起」であって、結論ではない）、実際の解釈論の提示にあたっては、条文の文言に光を当て、あるいは、契約の趣旨目的に立ち返るという最も基本的な作業が要求される。浮ついた公平感や直感的な利益衡量では何事も解決されない。「基礎」、「基本」を通じて、「基礎」、「基本」を破る。〔応用編〕でされているのは、そのような作業である。

▶債権各論（契約法）

12 転貸借の法律関係
──転貸人の地位の移転と費用償還請求権（その１）

[問題]

　Ａは、自己所有の登記済みの建物（以下、「本件建物」という。）をＢに月額10万円で賃貸し、本件建物をＢに引き渡した。その後、Ｂは、Ａの承諾を得て、本件建物に大幅な改修を加えたうえ、Ｃに対して月額15万円で転貸し、引渡しをした。なお、Ｂは、Ｃに対する転貸についても、Ａから承諾を得ている。

　Ｃは本件建物に住みはじめたが、強い台風によって本件建物の窓ガラスの一部が破損したため、３万円かけて窓ガラスを入れ替え、また付近に街灯が少なかったので、用心のために玄関先に外灯を設置し、そのために６万円を支出した。

　ところが、その後、Ｂがこの種の転貸事業から撤退することになったので、ＡＢ間の賃貸借契約は合意解除され、ＡとＢはその旨をＣに連絡した。

　以上の事案につき、次の小問に答えよ。なお、各小問は独立した問いである。

1　ＡＣ間の法律関係につき、
　(1)　ＡのＣに対する本件建物の引渡請求の可否を確認したうえ、
　(2)　ＡＢ間での合意解除後、Ｃに対する賃貸人が誰であるかについて相異なる２つの法律構成を挙げ、それぞれの構成においてＡがＣに対して請求できる賃料額を説明しなさい。
2　Ｃが支出した費用につき、Ｃは誰に対して償還請求をすることができるか。小問１(2)で論じた異なる２つの法律構成ごとに説明しなさい。

3 (小問3については、第13講で検討する。)

■ 小問1(1)について

　AはCに対して本件建物の引渡しを求めることができるか。AB間の合意解除の効果をAがCに対して主張できるかが問題となる。

　まず、AB間の賃貸借契約が解除されても、BC間の転貸借契約（＝賃貸借契約）が直ちに消滅するわけではない。なぜなら、この2つの契約は独立した別個の契約だからである。しかし、BC間の契約が有効であっても、それだけでCが——所有者であるAとの関係で——本件建物に住み続けられることにはならない。なぜなら、BはAから本件建物を賃借し、その賃借権に基づいてCに転貸しているにすぎないからである（Bは他人であるAの物を賃貸しているのであって、他人物賃貸借も契約としては有効であるが〔560条、559条〕、だからといって、それだけで他人の物の賃借人が真の所有者に対して賃借権を主張することはできず、たとえば所有者の同意なく、賃借人が目的物を占有している場合、所有者は賃借人に対して目的物の返還を請求することができる）。すると、Bの賃借権が消滅すれば、これに基づくCの転借権もAとの関係では主張することができず、原則として、Cは本件建物を使用収益できなくなるはずである。

　もっとも、本問では、AはBがCに本件建物を転貸することを承諾している（612条1項参照）。にもかかわらず、Aは、AB間の契約が消滅したことを理由に、Cに対して本件建物の引渡しを求めることができるであろうか。判例は、Bの債務不履行を理由にAがBとの契約を解除したケースと本問のような合意解除のケースとを区別している。

　(a)　まず債務不履行解除の場合、上記の原則がそのまま妥当し、賃貸人は転借人に対して目的物の返還を求めることができるとされている（最判昭和36・12・1民集15巻12号3243頁）。同判決は、大判昭和10・11・18民集14巻20号1845頁を引用しつつ、「転貸借の終了するに先だち賃貸借が終了したときは爾後転貸借は当然にその効力を失うことはないが、これをもって賃貸人に対抗し得ないこととなるものであって、賃貸人より転貸人に対し返還請求があれば転貸人

はこれを拒否すべき理由なく、これに応じなければならないのであるから、その結果転貸人は、転貸人としての義務を履行することが不能となり、その結果として転貸借は終了に帰する」とし、続く最判平成9・2・25民集51巻2号398頁も「転貸人が、自らの債務不履行により賃貸借契約を解除され、転借人が転借権を賃貸人に対抗し得ない事態を招くことは、転借人に対して目的物を使用収益させる債務の履行を怠るものにほかならない」としたうえ、「賃貸借契約が転貸人の債務不履行を理由とする解除により終了した場合、賃貸人の承諾のある転貸借は、原則として、賃貸人が転借人に対して目的物の返還を請求した時に、転貸人の転借人に対する債務の履行不能により終了する」としている。つまり、賃貸人は転借人に目的物の返還を求めることができ、実際に転借人（ないし転貸人）に返還を求めた時点で、転貸借契約は履行不能によって終了するというのである（賃貸人が転借人に解除の事実のみ伝え、引渡しまで求めていないとき、この理屈によれば、転貸借契約は終了しないが、転借人の転貸人に対する賃料支払拒絶権〔576条、559条〕が認められる場合もあろう）。もっとも、学説にあっては、転貸借契約の終了時期をめぐり若干の争いがあり、また賃貸人が賃貸借契約を解除するさい、転借人に賃料の代払の催告をしなければならないかについても、——最判昭和37・3・29民集16巻3号662頁はこれを否定するが——学説においては、転借人による第三者弁済（474条1項本文）の機会を確保するため、これを肯定的に解する見解も有力である。

(b) これに対して、合意解除の場合には、転借人の権利はそのまま存続し、賃貸人は転借人に対して目的物の返還を求めることはできないとされている（大判昭和9・3・7民集13巻4号278頁）。その理由として、同判決は、①賃貸人と転貸人の合意だけで転借人の権利を消滅させることはできないこと（合意の効力は合意をした者のみに及ぶとの原則に依拠したものであろう）、②信義則（現1条2項）、③398条を参照しつつ、借地権者が借地上の所有建物を抵当に入れた後、借地権を放棄ないし合意解除しても、抵当権者に対抗することができないとした判例法理（大判大正11・11・24民集1巻12号738頁、同大正14・7・18法律評論14巻10号民法706頁）を挙げている。そして、大判昭和9年はその後も受け継がれ（最判昭和38・4・12民集17巻3号460頁〔ただし、転貸人と転借人が事実上同一であったため、賃貸人の転借人に対する明渡請求が認められた事例〕）、さらに他の同種

12 転貸借の法律関係　117

の事案にも拡張されつつある（たとえば最判昭和38・2・21民集17巻1号219頁は、土地の賃貸人は土地の賃借人がその土地上に建てた建物の賃借人に対して、土地賃貸借の合意解除を対抗することができないとし〔同判決は398条のほか、538条を参照している〕、また最判平成14・3・28民集56巻3号662頁は、転貸予定の事業用ビルの賃貸借契約が賃借人の更新拒絶によって終了しても、賃貸人はその終了を〔再〕転借人に対抗することができないとした）。

このような判例法理に照らすなら、**小問1**でも、AはCとの関係ではAB間の合意解除の効果を主張することができず、Cに対して本件建物の引渡しを請求できないことになる（ただし、転貸人の賃料不払等により、賃貸人が債務不履行解除できる状況のもとで、賃貸人と転貸人が合意解除した場合には、賃貸人は転借人に対して解除の効果を主張することができる。最判昭和41・5・19民集20巻5号989頁参照）。

なお、これに関連して、次の2点は確認を要する。

第1に、AとCはいわゆる「対抗関係」に立っていないので、Cが対抗要件を備えていたか否かは、問題解決に影響しない。つまり、本問の場合、Cは本件建物の引渡しを受け、借地借家法上の対抗要件を備えているが（借地借家法31条1項）、たとえCが引渡しを受けていなくても、上と同じ解決がされることになる。なぜなら、対抗要件制度とは、利害関係者が不測の不利益を被らないよう、権利関係を広く天下に知らしめること（＝公示）を目的としているが（そのため、公示をすることが対抗要件〔の具備〕ととらえられることになる）、そもそもAは転貸借を承諾しており、Cが対抗要件を備えていないからといって、Aが不利益を受ける関係にはないからである。つまり、対抗要件制度の趣旨からしても、Cが対抗要件を備えているか否かは、Aとの関係で考慮されるべき事柄ではないのである。

第2に、545条1項ただし書は、本問には登場しない。一見、転借人Cは同項ただし書にいう「第三者」に当たるように思えるが、本来、このただし書は、解除の遡及効から第三者を保護するための規定であり、しかし他方、賃貸借における解除にはそもそも遡及効がない（620条）。したがって、ただし書が適用されるべき事案ではないのである（比喩的な表現ではあるが、賃貸借のような継続的契約の場合、日々新しい契約が締結されているとイメージすると分かりやすい）。賃貸人が債務不履行解除を理由に、転借人に目的物の返還を求めているとき、

賃貸人は解除に遡及効があることを主張しているのではなく、解除後は転借人に占有権原がなくなったといっているにすぎない点には注意を要する。

■ 小問 1 (2)について〔基礎編〕

AB 間の合意解除が C に対抗できず、C が本件建物に住み続けられるとすると、その場合、C に対する賃貸人は誰になるのであろうか。考え方は 2 つある。

(a) まず、AB 間の合意解除が C に対して対抗できない以上、AB 間及び BC 間の賃貸借がそのまま存続するという考え方がありうる。さらに厳密にいえば、① AB 間の賃貸借は実際には終了するが、C から見れば存続しているものとして扱われる、という相対的な見方と、② BC 間の転貸借契約を履行するために必要な範囲で、実際にも AB 間の賃貸借が存続する、という 2 つの理解がありうる。しかし、いずれにせよ、C から見れば、賃貸借は AB 間及び BC 間に存続し、他方、AC 間に直接の契約関係はないことになる。すると、本来、A は C に対して賃料請求できないはずである。

しかし、転借人は賃貸人に対して直接義務を負うとされている（613条 1 項前段）。したがって、この規定に基づき、A は C に対して B に請求できるはずの賃料（＝10万円）を請求できることになる（15万円でない点に注意。なお、C は残りの 5 万円を B に支払うことになる）。C としては、AB 間の賃貸借が合意解除されていることを理由に、613条 1 項は適用されないと主張することも考えられるが、引渡しの場面では、合意解除の効果が自身に及ばないとしながら、613条 1 項に限って合意解除の効果を持ち出すことは認められまい。

(b) 第 2 に、合意解除によって B は A との契約関係から離脱し、その結果、BC 間の賃貸借（＝転貸借）は AC 間に移転するという考え方がありうる。このように考えたほうが法律関係は簡明になるし、また目的物を使用収益させる義務は所有者であれば誰でも履行できるから、C にも不利益はない、というのがその理由である（詳しくは第 4 講、第 6 講参照）。そして、この場合、A は C に 15 万円請求できることとなる（論理的には、AB 間の賃貸借における B の地位に C が立ち、C は A に 10 万円のみ支払えばよいとの考え方もありうるが、AB 間の賃貸借が合意

12 転貸借の法律関係　119

解除されただけで、Ｃの最終的な負担が15万円から10万円に減額される理由はないはずである）。

　では、ＢＣ間の賃貸借がＡＣ間に移転するとの考え方を採った場合、Ａはどのような手続を踏めば、Ｃに対して賃貸人であることを主張できるのであろうか。

　賃貸不動産が譲渡された結果、賃貸人の地位が譲渡人から譲受人に移転した場合、譲受人がそのことを賃借人に主張するには、対抗要件の具備が要求される（最判昭和49・3・19民集28巻2号325頁。詳しくは第4講参照）。賃借人が賃料の支払先を間違わないようにするためである。しかし、本問の場合、本件建物の所有権は解除前も解除後もＡに帰属しており、登記簿上の所有名義が替わることはなく、したがって、賃貸人が誰であるかの識別機能を登記に求めることは困難である。そこで、主に問題となるのが賃料請求であり、また——本問と異なるが——賃料債権の譲渡にあっては、債権譲渡の通知ないし承諾が債務者に対する対抗要件とされていること（467条1－2項）を勘案するなら、本問において、ＡがＣに賃貸人であることを主張するには、ＢからＣにその旨の通知がされていること（あるいは、Ｃが承諾をすること）が要件とされるべきであろう（詳しくは第4講参照）。本問では、ＡとＢがＣに対して合意解除の事実を伝えており、この要件は満たされている。

■ 小問1⑵について〔応用編〕

　Ｃに対する賃貸人が誰であるかは、学説でも考え方の分かれる「難問」である。我妻栄・債権各論中巻1（1957年）464頁は上記(a)の考え方を、星野英一・借地借家法（1969年）377頁及び幾代通＝広中俊雄編・新版注釈民法15巻〔増補版〕（1996年）959頁〔原田純孝〕は上記(b)の考え方を、それぞれ採っている。事態適合的な解決を導くのはいずれであろうか。

　まず、ＡＢ間の賃貸借が合意解除されていない場合、ＡがＣに請求できるのは10万円だけである。そして、Ａから10万円で借りた本件建物をＢがＣに15万円で転貸できたのは、Ｂが本件建物を改修したためであろうから、Ｂの手許に残る差額の5万円は投下資本の回収に充てられることになる。

また、AがCに直接10万円請求できるとする613条1項前段については、立法論として疑義が唱えられているが、直接請求が認められないとすると、Bに他の債権者がいる場合、Aは他の債権者と同等の立場で——つまり、一般債権者として——Bに賃料請求するほかないが、BがCに本件建物を転貸できたのはAがBに本件建物を賃貸したためであり、もしAがBに賃貸していなかったとすると、そもそもBは転貸による賃料収入を得ることができず、すると、Bの一般債権者もそれを債権回収に充てられなかったはずである。そして、そうであるなら、AはBに対する他の債権者よりも優遇されておかしくなく、613条1項前段にはこのような意味があることになる。

　では、AB間の合意解除後も、Cとの関係では、AB間の関係が存続し、その結果、AがCに請求できる賃料が10万円に限られるとすると、当事者間の利益状況はどうなるであろうか。

　まず、AB間の賃貸借が合意解除されたとき、BはAに有益費の償還を請求することができる（608条2項）。合意解除がCに対抗できない結果、AB間の賃貸借が実際に存続すると考えたとしても、それはBのCに対する使用収益させる義務を履行するために必要な範囲内に限られるから、AB間の費用償還が否定されることにはならない。すると、これ以降、改修費用はAが負担していることになる。

　続いて、CはBに残額の5万円を支払い、AはBに対して同額を請求することになろう。AB間で賃貸借が実際に存続するにしても、それは上記のような範囲に限られるから、Bが5万円を得られる理由はなく、この5万円はBがAの所有物をCに賃貸することによって得た利得なのだから、最終的にはAに帰属するはずである。

　しかし、この構成によれば、5万円については、AはBの一般債権者と同じ立場にあることになる。けれど、この差額が改修費用の対価であるなら、5万円は有益費を償還した（あるいは、有益費償還義務を負っている）Aが優先的に回収できてよかろう（Bが不当に有益費償還請求権を放棄した場合、Bの債権者は詐害行為取消権〔424条1項〕を行使できるから、不都合は生じない）。そして、そうであるなら、AB間の賃貸借が存続すると考えるより、Cに対する賃貸人がBからAに入れ替わると解したほうが事態適合的な解決であることになろう。

■ 小問2について〔基礎編〕

　AB間で合意解除がされる前に、Cは窓ガラスを入れ換え、外灯を設置している。紙幅の関係上、詳述できないが、前者は必要費に、後者は有益費に当たるであろう。すると、Cは賃貸人にその償還を請求することができる（608条1-2項）。では、Cは具体的に「誰」に請求できるのであろうか。

　まず、AB間の賃貸借が合意解除されても、Cとの関係では、AB間の関係が存続し、Cに対する賃貸人はあくまでBであると考えた場合、Cは——Aではなく——Bに対して償還を請求することになる（なお、償還に応じたBがそれをAに求償できるか否かは、別途考察すべき問題である）。

　これに対し、Cに対する賃貸人が、AB間の合意解除により、BからAに入れ替わると考えた場合、必要費と有益費とでは取扱いが異なってくる。すなわち、必要費にあっては、賃借人は賃貸人に対して「直ちに」償還を請求でき（608条1項）、そして、合意解除前の転貸人はBであるから、CはBに対して償還請求することになる。また償還請求の相手方がBと確定した以上、ABC間で特別の合意がない限り、AB間の合意解除後も償還請求の相手方はBであり続けることになろう（ただし、〔応用編〕も参照）。

　他方、有益費の場合、償還請求できるのは「賃貸借の終了の時」であるから（608条2項）、文言解釈からすれば、その時点の賃貸人が償還請求の相手方となり、したがって、Cは——Bではなく——A（ないし、その後、賃貸人となった者）に償還請求することになる。また実質的に考えても、もしCがBに対して償還請求をしなければならないとすると、Cは自身の賃貸借が終了した時点で、Bを捜し出さねばならず、捜し出したとしても、Bが無資力になっている可能性もある。他方、Aとしては、合意解除のさいに授受される金銭を調整するなどして、Cからの有益費償還請求を折り込んだうえで、Bとの関係を清算することができる。すると、やはりCはAに対して有益費の償還を請求できると解すべきであろう。最判昭和46・2・19民集25巻1号135頁は、建物の賃借人が有益費を支出した後、建物の所有権の譲渡によって賃貸人が交替した事案につき、「特段の事情のないかぎり、新賃貸人において旧賃貸人の権利義務一切を承継し、新賃貸人は右償還義務者たる地位をも承継するのであって、そこ

にいう賃貸人とは賃貸借終了当時の賃貸人を指〔す〕」と論じて、同様の結論を導いている。

ところで、ABC間の利益状況をめぐる上記の議論は、敷金返還請求権におけるそれと類似している。すなわち、賃貸借存続中に目的不動産の所有権が移転し、新所有者が賃貸人の地位に承継した場合、旧賃貸人に差し入れられた敷金は新賃貸人に承継されるとされているが（最判昭和44・7・17民集23巻8号1610頁。大判昭和2・12・22民集6巻12号716頁と大判昭和5・7・9民集9巻11号839頁が先例と目される）、そのさいにも、学説にあっては、旧賃貸人、新賃貸人、賃借人の利益状況をめぐり上と同じ議論がされているのである（詳しくは、森田宏樹「賃貸人の地位の移転と敷金の承継(1)(2)」法学教室368号98頁、369号116頁）。

もっとも、費用償還にあっては、賃借人はこれを被担保債権として、賃貸借終了後も留置権（295条1項）を行使できるとされており（必要費については、大判昭和14・4・28民集18巻7号484頁、有益費については、大判昭和10・5・13民集14巻10号876頁。また第10講も参照）、この点では敷金返還請求とは異なった扱いがされている（最判昭和49・9・2民集28巻6号1152頁）。

■ 小問2について〔応用編〕

Cが必要費を支出した時点の転貸人はBであるから、CはBに対して「直ちに」償還を請求することができ、AB間の合意解除だけで——つまり、Cが関与していないにもかかわらず——この関係が変化すべき理由はない。しかし、合意解除後、Cのほうから——Bではなく——Aに対して必要費の償還請求をすることは可能であろうか。有益費償還請求と比較しつつ、検討してみよう。

まず、必要費の場合、「直ちに」償還を請求できるから（608条1項）、Cとしては、そのようにすれば賃貸借終了後にBの所在を探るなどのリスクを負うことはないし、そうであるなら、Aに対する請求を認める実益はないように見える。また「直ちに」請求できる以上、CはBを相手方と考えているはずで、Cの関与することのない合意解除（あるいは、賃貸目的物の譲渡）によって相手方が変わるとすると、かえって法律関係が錯綜する（たとえば目的物が転々譲渡された場合、相手方が次々と替わることになる）。したがって、相手方はBに固定し

たほうがよいようにも思える。

　しかし、Cが望んでB以外の者を相手方とする場合、Cの不都合を考慮する必要はない。またAとしては、必要費の償還を計算に入れて、Bとの関係を清算することもできる。加えて必要費と有益費の区別は容易でないこともあり、支出した費用を有益費と考えたCが賃貸借終了時にAに対して請求したところ、必要費と判断され、そこでBに対して償還請求していくというのでは、Cは上述のリスクを背負い込むことになる。さらに重要なのは、「直ちに」請求できるとしたのは——修繕義務が賃貸人に課されていること（606条1項）との関係から——賃借人を保護するためであって、賃借人は「直ちに」請求しなければならないわけではない（返還後、1年以内に請求すればよい〔622条、600条〕）。そして、そうであるなら、賃貸借終了時に、必要費と有益費を一括して償還請求することも認められてよいはずである（敷金も含め、賃貸借終了時に一括して清算するのが最も簡便な方法である）。すると、CがBに対して既に償還請求をしている場合は格別、そうでない限り、AB間の合意解除後、CがAに対して必要費の償還を求めることは認められてよいはずである。判例においても、必要費については——有益費と異なり——支出された当時の賃貸人に対してのみ償還請求できるとした控訴審判決を、前記大判昭和14・4・28は上記のような「直ちに」の趣旨目的（＝賃借人の利益に配慮したものであって、現在の所有者に対して償還請求できないことを規定したものではないこと）を理由に覆し、有益費償還請求の相手方が必要費の償還にあっても相手方となりうることを認めており、学説もこれに賛成している（幾代＝広中編・前掲書253頁〔渡辺洋三、原田純孝〕。星野・前掲書204頁、426頁も同旨か）。

　「基礎」、「基本」は、時として、不都合な結果をもたらすように感じられることがある。しかし、事態適合的な解決は、「基礎」、「基本」をねじ曲げることではなく、「基礎」、「基本」を深めること、すなわち、それぞれの規定の制度趣旨に立ち戻ることによって、はじめて——説得力をもって——到達することができる。

▶債権総論、債権各論（契約法）

13 転貸借の法律関係
——転貸人の地位の移転と費用償還請求権（その2）

[問題]

　Aは、自己所有の登記済みの建物（以下、「本件建物」という。）をBに月額10万円で賃貸し、本件建物をBに引き渡した。その後、Bは、Aの承諾を得て、本件建物に大幅な改修を加えたうえ、Cに対して月額15万円で転貸し、引渡しをした。なお、Bは、Cに対する転貸についても、Aから承諾を得ている。

　Cは本件建物に住みはじめたが、強い台風によって本件建物の窓ガラスの一部が破損したため、3万円かけて窓ガラスを入れ替え、また付近に街灯が少なかったので、用心のために玄関先に外灯を設置し、そのために6万円を支出した。

　ところが、その後、Bがこの種の転貸事業から撤退することになったので、AB間の賃貸借契約は合意解除され、AとBはその旨をCに連絡した。

　以上の事案につき、次の小問に答えよ。なお、各小問は独立した問いである。

1　AC間の法律関係につき、
　(1)　AのCに対する本件建物の引渡請求の可否を確認したうえ、
　(2)　AB間での合意解除後、Cに対する賃貸人が誰であるかについて相異なる2つの法律構成を挙げ、それぞれの構成においてAがCに対して請求できる賃料額を説明しなさい。
2　Cが支出した費用につき、Cは誰に対して償還請求をすることができるか。小問1(2)で論じた異なる2つの法律構成ごとに説明しなさい。

(小問1及び小問2については、第12講を参照。)

3 AB間での合意解除後、Cは、AやBの承諾を得ることなく、本件建物をさらにDに転貸し、引渡しをした。

(1) Aは、Dに対して本件建物の引渡しを請求することができるか。

(2) Aは、CがDに本件建物を無断で転貸したことを理由に、Cに対して本件建物の引渡しを請求することができるか。小問1(2)で論じた異なる2つの法律構成ごとに説明しなさい。

■ 小問3(1)について〔基礎編〕

小問3では、転貸借関係（ないし再転貸借関係）における基本的な法律関係が問われている。そこで、小問1(1)を思い起こしつつ、簡単に確認しておこう。

まず、賃貸借契約と転貸借契約は独立した別個の契約であるから、賃貸借契約が終了しても、直ちに転貸借契約が終了することはない。しかし、これに関連して、次の3つの点には注意を要する。

第1に、賃借人が転貸をするには、賃貸人の承諾を要し（612条1項）、もし賃借人が賃貸人の承諾を得ることなく転貸借契約を締結し、転借人に目的物を使用させた場合、賃貸人は賃貸借契約を解除することができる（同条2項）。

第2に、たとえ賃貸人が転貸借を承諾していたとしても、賃貸借契約が解除された場合、原則として、転借人は賃貸人に対して転借権を主張することはできない（→賃貸人は転借人に目的物の返還を求めることができる）。なぜなら、転借人の権利は賃借人（＝転貸人）の賃借権に基づくものであるので、賃借権が消滅した場合、転借権はその存在の基礎を失い、転借人には賃貸人に主張しうる権原がないことになるからである。

もっとも、第3に、賃貸人と賃借人が賃貸借契約を合意解除したために賃借権が消滅した場合には、賃貸人は転借人に対して合意解除の効果を主張することができない（→賃貸人は転借人に対して目的物の返還を請求することができない。以上につき、詳しくは第12講参照）。

では、小問3(1)で、AはDに対して本件建物の引渡しを請求できるであろうか。Dが自身の転借権をAに対して主張できるか否かが問題となる。

まず——BのCに対する転貸（小問1参照）と異なり——AはCがDに対して本件建物を（再）転貸することを承諾していない。そのため、Aから見て、Dは権原なく本件建物を占有していることになる。したがって、Aは所有権に基づきDに対して本件建物の引渡しを求めうるはずである。確かに612条1項は、転貸するには賃貸人の承諾を得なければならないとするだけで、無断転貸における転借人の法的地位については明言していない。しかし、もしこの場合に賃貸人が転借人に目的物の返還を求めることができないとすると、賃貸人の承諾を要するとした612条1項の趣旨が損なわれる。そのため、賃貸人は転借人に目的物の返還を請求できるとされている。

なお、以下の3点には注意する必要がある。

第1に、賃貸人は賃貸借契約を解除しなくとも、転借人に直接目的物の返還を求めることができる（大判昭和7・8・2民集11巻18号1801頁、最判昭和26・4・27民集5巻5号325頁。賃借権の無断譲渡の場合も同様である〔最判昭和26・5・31民集5巻6号359頁〕）。つまり、賃貸人が承諾していない以上、賃貸人から見て、転借人は権原なく目的物を占有していることになるので、賃貸借契約の帰趨にかかわりなく、賃貸人は転借人に目的物の引渡しを請求できるのである（賃貸人から見て、無断転借人は不法占拠者と同等の地位にある。ただし、この場合も、転貸借契約自体は——転貸人と転借人との間では——有効である。無断転貸ではなく、賃借権の無断譲渡に関わるものだが、譲渡契約が有効であることは古くから確認されており〔大判明治43・12・9民録16輯918頁〕、ただ、賃貸人には対抗できないとされている〔大判明治44・3・15民録17輯127頁、同大正7・9・30民録24輯178頁〕）。

第2に、Dは転借人と解することもできるし、再転借人と位置づけることも可能である（これは小問1(2)でどのような立場を採るかによる。この点は後述する）。しかし、いずれにせよ、Aが——賃貸借契約を解除しなくても——Dに対して本件建物の引渡しを求めうることに変わりはない。

第3に、上記のとおり、CD間の（再）転貸借契約は、Aの承諾を得ていなくても、契約としては有効であるが、AがDに対して本件建物の返還を求めた時点でCの債務は履行不能となり、——AB間ないしAC間の賃貸借契約の消

13　転貸借の法律関係　127

長を問うことなく——CD 間の契約は終了する（詳しくは第12講参照）。

■ 小問 3 (2)について〔基礎編〕

　小問 3 (2)では、A が C に対して本件建物の引渡しを求めうるかが問われている。そして、AC 間の法律関係については、小問 1 (2)で示したように、2 つの理解がありうる。簡単に確認しておこう。

　(a)　一方で、AB 間の合意解除が C に対して対抗できない以上、——少なくとも C から見れば——AB 間の賃貸借契約と BC 間の転貸借契約がそのまま存続する、という考え方がありうる。これによると、C は転借人、D は再転借人であることになる。

　(b)　これに対して、合意解除によって B は A との賃貸借関係から離脱し、BC 間の賃貸借契約（＝転貸借契約）が AC 間に移転する、という考え方がありうる。これによると、AC 間には直接的な賃貸借関係が存在することになる（以上につき、詳しくは第12講参照）。

　では、A は C に対して本件建物の引渡しを請求できるであろうか（なお、D が本件建物を直接占有していたとしても、C が間接占有者であることに注意）。

　[1]　まず上記(b)の立場を採った場合、AC 間には直接の賃貸借関係が存在するから、A は賃借人である C のした無断転貸を理由に、C との賃貸借契約を解除し（612条 2 項）、そのうえで C に対して本件建物の引渡しを求めることができる。

　なお、D に対するのとは異なり、A が C に対して引渡しを求めるには、C との契約を解除しなければならない。なぜなら、C は正当な権原を有する賃借人であるので、その権原を消滅させる必要があるからである。

　[2]　これに対して、上記(a)の立場を採った場合、AC 間に直接の賃貸借関係はないから、A が C との賃貸借契約を解除することは論理的にありえない。つまり、確かに転借人は賃貸人に対して直接「義務」を負うから（613条 1 項）、この「義務」に「賃貸人に無断で再転貸しない義務」も含まれると解するなら、C には義務違反が認められる。したがって、A に損害が生じた場合、C は損害賠償責任を負うが（415条）、AC 間に契約関係がない以上、C に債務不履

行があっても、解除すべき対象がなく、そのため、上記［1］で示したような法律構成を用いて、AのCに対する引渡請求を正統化することはできないのである。そして、BのCに対する転貸についてAは承諾しているから、Aから見て、Cは正当な権原を有する者であり、そのため、AのCに対する引渡請求は認められないように思える。

しかし、無断で（再）転貸したCが、賃借人でなく、転借人であるとの理由だけから、無断（再）転貸後もAの引渡請求を拒絶できるとするのは奇妙である。AのCに対する引渡請求を認める方法はないであろうか。次の2つの法律構成が考えられる。

第1は、AがBとの賃貸借契約をBの債務不履行を理由に解除する、という構成である。すなわち、

① 確かにAB間の賃貸借契約は合意解除されているから、重ねて同じ契約を解除することはできないように見える。しかし、この合意解除はCとの関係では主張することができず、そのため、Cから見れば、AB間の賃貸借契約は存続していることになる。すると、少なくともCとの関係では、AはBの債務不履行を理由にAB間の契約を解除できてよいはずである（合意解除の効果が自身に及ばないとするCが、この場面に限って「合意解除されている以上、債務不履行を理由に重ねて解除することはできない」と主張することは認められまい）。

② そして、もしAがBの債務不履行を理由にBとの契約を解除した場合、Aはその効果を——合意解除と異なり——Cに対する関係でも主張することができ、その結果、Cに対して本件建物の引渡しを請求できることになる（詳しくは第12講参照）。

③ すると、問題はBに債務不履行が認められるか否か、すなわち、CがDに対して（再）転貸したことがBの債務不履行と評価できるかどうかである。そして、一般に転借人は賃借人の「履行補助者」とされており（「利用補助者」と呼ばれることもある）、そのため、船舶の賃貸借につき、所有者の承諾を得た転借人の過失によって当該船舶が座礁し難破した事件では、賃借人の債務不履行責任が肯定され（大判昭和4・3・30民集8巻6号363頁）、また賃貸人の承諾を得た転借人の過失によって賃貸家屋が焼失した

事案でも、賃借人の債務不履行責任が認められている（大判昭和4・6・19民集8巻10号675頁）。ただし、いずれも――再転貸ではなく――善管注意義務違反が問題となったケースであり、また――解除でなく――損害賠償責任が争われている点で、**小問3**とは異なる。しかし、もしこの判例理論をそのまま延長して**小問3(2)**に当てはめるなら、AはCの無断転貸をBの債務不履行とみなし、Bとの契約を解除することで、Cに対して本件建物の引渡しを請求できることとなろう。

　もっとも、転借人の行為を賃借人の行為と同視し、賃借人の責任を認める判例法理には批判もある（我妻栄・新訂 債権総論（1964年）109頁）。人は自身の行為についてのみ責任を負うのが原則であり、他人の行為によって責任を課されるべきではないからである。しかし、少なくとも本問の場合、判例法理を妥当させても差しつかえあるまい。なぜなら、そもそもBはAB間の賃貸借契約を合意解除しており、Bにとって賃貸借契約を継続させることに利益はないからである。つまり、AB間の賃貸借契約が存続する（と観念される）のは、Cのためであって、Bのためではなく、したがって、Aが債務不履行を理由にBとの契約を解除しても、Bには支障がないのである（CのDに対する再転貸によって、Aが損害を被った場合、判例理論によれば、AはBに対して損害賠償責任を追及することができるが、その場合、BはCに対して責任追及することになろう）。すると、結局、Aの解除によって不利益を受けるのはC（のみ）であることになるが、無断（再）転貸したのがCである以上、Cは不利益を被ってもやむを得まい。

また第2に、債権者代位権（423条1項）による解決も考えられる。すなわち、

④Cと直接転貸借関係にあるBは、Cによる無断（再）転貸を理由に、転貸借契約を解除し（612条2項）、Cに対して本件建物の引渡しを請求することができる。

⑤次に、AB間には賃貸借契約が存在し、AはBの債権者である。しかも、Bの負う義務は賃料債務（601条）にとどまらず、善管注意義務（400条）、用法遵守義務（616条、594条1項）、無断譲渡や無断転貸をしない義務（612条1項）等、広汎に及ぶ。

⑥そして、債権者代位権を行使するには、「自己〔＝債権者〕の債権を保全す

るため」というハードルがあり、そのため、原則として、債務者が無資力であることが要件とされるが、不動産の買主が現登記名義人に対する売主の移転登記請求を代位行使する場合（大判明治43・7・6民録16輯537頁）や、不動産の賃借人が賃貸人である所有者に代位して、不法占拠者に対して妨害排除請求権を行使する場合（大判昭和4・12・16民集8巻12号944頁、最判昭和29・9・24民集8巻9号1658頁）のように、債権者にとって保全の必要性が債務者の資力に関係しないときには、債務者の資力を問うことなく、債権者代位権の行使が認められている（「転用事例」と呼ばれる）。すると、小問3(2)にあっても、不動産は一般に代替性が低く、また問題とされているのがAのCに対する引渡請求であることから、Bに資力があったとしても保全の必要性は肯定され、Bの資力に関わりなく、AはBの解除権を代位行使しうることになろう（なお、423条1項の「債務者に属する権利」〔＝被代位権利〕には、契約の解除権も含まれる。たとえば大判大正8・2・8民録25輯75頁は、債務者が負債の整理のために委任契約を締結した事例で、一般論としてではあるが、債権者は委任契約の解除権を代位行使することができる、としている）。

このように、従前の判例理論を延長するなら、上記(a)の考え方を採ったとしても、Bの解除権をAが代位行使する余地はありえ、そして、その場合、AはCに対して本件建物を直接自分に引き渡すように請求することができる（前掲最判昭和29年参照）。

■ 小問3について〔応用編〕

賃借人が賃貸人に無断で賃借権を譲渡し、あるいは転貸したとき、賃貸人は賃貸借契約を解除することができる（612条2項）。しかし、賃借人の行為が賃貸人に対する背信的行為と認めるに足りない「特段の事情」が存在する場合、賃貸人は契約を解除することはできない（最判昭和28・9・25民集7巻9号979頁。そのような「特段の事情」の存在は賃借人の側で主張立証しなければならない〔最判昭和41・1・27民集20巻1号136頁〕）。

では、CD間の（再）転貸につき、「特段の事情」が存在する場合、ABCD

間の法律関係はどうなるであろうか。

　まず、BC間の転貸借関係がAC間に移転するとの立場（上記(b)）を採った場合、「特段の事情」が存在する以上、AはCとの契約を解除することはできず、したがって、Cに対して本件建物の引渡しを求めることもできない。しかし、問題は、AがDに対して本件建物の返還を請求できるかである。

　「特段の事情」が存在する場合、確かにAの解除権は制限される。しかし、だからといって、転借人が賃貸人との関係で転借権を主張できることにはならないはずである。なぜなら、賃貸人は転貸すること（すなわち、転借人が目的物を使用収益すること）を承諾していないからである。そのため、賃貸人は（無断）転借人をあくまで不法占拠者と同等に扱うことができる、という考え方も論理的にはありうる。

　しかし他方で、そもそも「特段の事情」が認められるのは、たとえば個人商店が株式会社になる等、単に企業形態を変更したにすぎない場合や、同居の親族への賃借権の譲渡ないし転貸等、利用主体が実際には変わっていないため、賃貸人に不利益が生じていない場合である。そして、そのような事案を想定するなら、賃貸人の——転借人に対する——引渡請求を認める必要はないはずである。そこで、最判昭和36・4・28民集15巻4号1211頁は、賃貸人の転借人に対する引渡請求を否定し（「転借人の占有はこれを不法のものということはできないのであり、したがって、原審が、転借人は右占有使用を賃貸人に対抗することを得るものと判断したのは結局正当である」とする）、学説も概ねこれに賛成する（星野英一・借地借家法（1969年）378頁参照）。

　また、このような解決は、AB間及びBC間に賃貸借ないし転貸借が存続していると考えた場合（上記(a)）にも維持されよう。すなわち、「特段の事情」が存在する以上、AはBとの賃貸借契約を解除することはできず、BもCとの転貸借契約を解除することができないので、結局、AはCに対して本件建物の引渡しを請求できないこととなる。次にAのDに対する引渡請求が問題となるが、確かに解除が認められないこととDによる本件建物の使用が認められることとは論理的には直結しないものの、「特段の事情」が認められる実際の状況、すなわち、利用実態に実質的な変化はなく、そのため、賃貸人に不利益が生じていないことを考えるなら、Dの使用は認められてよいはずである。する

と、上記(a)の考え方を採ったとしても、AのDに対する引渡請求は認められないことになる。

ところで、このような解決方法は、無断転貸だけでなく、賃借権の無断譲渡においても妥当するとされているようである。すなわち、無断譲渡にあっても、「特段の事情」が認められるときには、賃貸人は賃借権の無断譲受人に対して目的物の引渡しを求めることができず（最判昭和39・6・30民集18巻5号991頁。「賃貸人は、借地権譲受人に対し、その譲受について承諾のないことを主張することが許されず、その結果として借地権譲受人は、賃貸人の承諾があったと同様に、借地権の譲受をもって賃貸人に対抗できる」旨判示する）、またこの場合、もともとの賃借人である賃借権の譲渡人は賃貸借関係から離脱し、賃借権の譲受人のみが賃借人になるとされている（最判昭和45・12・11民集24巻13号2015頁）。

しかし、賃借権の（無断）譲渡と（無断）転貸とでは、賃貸人の法的地位に違いが出てくる可能性もある。なぜなら、転貸借と異なり、賃借権の譲渡の場合には、敷金の問題が関係してくるからである。すなわち、

まず、賃貸期間中に賃貸人が入れ替わった場合、賃借人が旧賃貸人に差し入れた敷金は新賃貸人に承継される（大判昭和5・7・9民集9巻11号839頁、同昭和18・5・17民集22巻11号373頁、最判昭和44・7・17民集23巻8号1610頁〔いずれも、賃貸借存続中に目的不動産の所有権が移転し、新しい所有者が賃貸人の地位を引き継いだケースである〕。なお、この問題につき、詳しくは、森田宏樹「賃貸人の地位の移転と敷金の承継(1)(2)」〔法学教室368号98頁、369号116頁〕を参照）。そのため、賃借人は旧賃貸人から敷金を取り戻し、新賃貸人に再度敷金を差し入れるといった迂遠な手続を踏む必要はなく、その意味で、賃借人に不利益はない。

これに対して、賃借権の譲渡によって賃借人が入れ替わった場合、旧賃借人の差し入れた敷金が新賃借人に承継されることはなく（最判昭和53・12・22民集32巻9号1768頁）、そのため、賃貸人としては、旧賃借人に敷金を返還したうえ、新賃借人から敷金を新たに差し入れさせる必要がある。もっとも、通常の譲渡の場合、賃貸人は、新しく賃借人になる者が敷金を差し入れない限り、賃借権の譲渡について承諾しないという自己防衛の手段を講ずることができる。ところが、上記の「特段の事情」が存在する場合に、賃貸人の承諾なしに——賃貸人に対抗することのできる——賃借権の譲渡が認められるとなると、賃貸

人には自己防衛の機会がなく、不利益を受ける可能性が出てくる。

このように考えてくると、無断転貸において「特段の事情」が存在する場合の解決方法を、無断譲渡の事案にそのまま持ち込むことには躊躇も感じられる。しかし、この推論には以下の３つの留保を要する。

第１に、前掲最判昭和53年は、賃借権の譲渡について賃貸人が承諾をした事案に関するものであり、賃借権の無断譲渡について「特段の事情」が認められた事例に対する判断ではない。

第２に、前掲最判昭和53年自体、「敷金交付者が、賃貸人との間で敷金をもって新賃借人の債務不履行の担保とすることを約し、又は新賃借人に対して敷金返還請求権を譲渡するなど特段の事情のない限り」という留保を付しており（無断譲渡を背信的行為と認めるに足りない「特段の事情」とは異なる点に注意）、借主が実質的に変わっていない場合には、「新賃借人の債務不履行を担保することを約し」に当たるとされる可能性もある。

そして、第３に、そもそも賃借権の無断譲渡について「特段の事情」が認められるのは、そのように解したとしても賃貸人に不都合が生じない場合であり、もし賃貸人が実質的な不利益を受けるなら、「特段の事情」は認められないはずである。

このように、無断転貸と無断譲渡について一般論のレベルで同じ法理論を妥当させたとしても、具体的な問題解決の面で不合理な帰結を導かぬよう、調整する方法は残されている。そして、それは「基礎」、「基本」に立ち戻ること、すなわち、「特段の事情」の趣旨目的を勘案することにほかならないのである。

▶総則、物権、担保物権

14 表見代理と強迫
── 占有者の保護

[問題]

　AはBに甲機械と乙機械という2台の工作機械を貸していたが、金に困ったBはAを脅して、Aに「甲機械を売却する代理権をBに与える」との意思表示をさせるとともに、委任事項欄が白地の白紙委任状を無理矢理Aに交付させた。

　Bは甲機械を売却しようとしたが、高額であったため、なかなか買い手が現れず、そこで、より安い乙機械を売却することにし、BはAから交付を受けた白紙委任状の委任事項欄に「乙機械売却の件」と勝手に書き込み、これをCに呈示して、Aの代理人としてCに対して乙機械を売却するとともに、乙機械をCに引き渡し、他方、CはBに代金を支払った。

1　乙機械をめぐるAC間の法律関係はどうなるか。
2　AがBC間の売買契約に気づいた時点では、Cは既に乙機械をDに転売して引き渡し、引渡しを受けたDは、
　(1)　乙機械を数か月間使用しているうちに、一部の部品が摩耗したので、乙機械の生産効率を維持するため、劣化した部分をガスバーナーで切断して、新しい部品を溶接して固定化させるとともに、
　(2)　乙機械の性能をさらに向上させるため、ボルトとナットを使い、新しい仕様の部品を乙機械に取り付けていた、
　とする。この場合、AD間の法律関係はどうなるか。

■ 小問1について〔基礎編〕

　AC間の法律関係を検討するさい、最も基本となるのは、AがCに乙機械の引渡しを請求できるか否かである。そして、この問題は乙機械の所有権の帰属によって決まる。〔基礎編〕では、この点を考察しよう。

　乙機械の元々の所有者はAであり、またAはBに対して乙機械を売却する代理権を与えていないから（AがBに与えたのは、——乙機械ではなく——甲機械を売却する代理権である）、原則として、Bの代理行為の効果がAに帰属することはない（113条1項）。すると、乙機械の所有者はAであり、AのCに対する引渡請求は認められるはずである。

　しかし、BはCに対してAの委任状を呈示するなどして、Aの代理人として行為しているから、表見代理の成否が問題となる。

　まず109条は成立するであろうか。AがCに対して「Bに乙機械を売却する代理権を与えた」と表示した（＝代理権授与の表示）と評価できるか否かによる。そして、もしAがBに対して——実際に与えたのは甲機械売却の代理権であるのに——「乙機械売却の代理権をBに与える」旨の委任状を交付し、BがCにこれを呈示して代理行為に及んだ場合、Aは代理権授与の表示をしたと評価される。なぜなら、Aは「第三者（＝C）に対して他人（＝B）に代理権を与えた旨を表示した者」といえるし、Bは「その（表示された）代理権の範囲内において」Cとの間で行為をしているからである（109条本文）。他方、BがAの委任状を勝手に偽造し、Cに呈示していた場合、Aによる代理権授与の表示は認められない。Aが関与していない以上、Bが勝手に偽造した委任状はBの表示であって、Aの表示ではないからである。

　ところが、本問では、AがBに白紙委任状を交付し、Bがその委任事項欄に「乙機械売却の件」と補充している。すると、このBのした補充をAの表示と評価してよいかが問題となる。そして、「乙機械売却の件」と委任状に書き込んだのはBであって、Aではないから、厳密に見れば、それはAの表示といえないように感じられるが、補充が可能な形の委任状をBに交付したのはAであり、そのほかならぬBが補充をした以上、Bによって補充された内容はAの表示と評価される、というのが判例通説である（最判昭和39・5・23民集18巻4号

62頁はこのことを前提としている)。したがって、本問の場合、「乙機械売却の件」という内容のAの——Cに対する——代理権授与の表示が認められ、109条が成立することになる（この点は第2講も参照）。

　もっとも、本問の白紙委任状は、AがBに脅されて交付したものである。すると、AのCに対する代理権授与の表示が認められたとしても、それは——第三者である——Bの強迫によってされたものであることになる。そして、観念の通知である代理権授与の表示にも、性質の許す限り、意思表示の規定が類推適用されるから、AはBの強迫を理由に、Cに対する代理権授与の表示を取り消すことができる（96条1項。96条2項も参照）。すると、取消しには遡及効があるから（121条本文）、代理権授与の表示は最初からなかったことになり、109条は成立しないことになる。

　では、110条は成立するであろうか。

　まず、AはBに甲機械を売却する代理権を与えている。したがって、基本代理権は認められる。ところが、これもAがBから脅されて、Bに与えたものである。すると、Aは強迫を理由に、Bに対してした代理権授与の意思表示を取り消すことができる（96条1項）。そして、取消しには遡及効があるから（121条本文）、Bには最初から（基本）代理権がなかったことになり、110条は成立しないこととなる。

　もっとも、Bとの関係で基本代理権がなくなっても、第三者であるCとの関係でその存在が否定されるかは問題である。しかし、詐欺を理由とする取消しと異なり、強迫による取消しの場合、表意者は取消しの効果を第三者にも主張できるから（96条3項も参照）、AはCに対する関係でも取消しの効果を主張することができ、やはり110条は成立しないこととなる。

　このように、本問の場合、Cの善意悪意や過失の有無を問うまでもなく、表見代理は成立しない。したがって、AはCに対して乙機械の引渡しを請求することができる。

　なお、これに関連して次の3点には注意を要する。

　第1に、本問の場合、いわゆる代理権濫用の問題は登場しない。なぜなら、代理権の濫用は、①有権代理の場合、あるいは、②無権代理であっても、表見代理が成立する結果、有権代理と同じ状況になる場合に、それでも本人が代理

行為の効果帰属を拒むために持ち出される法理であり、これに対して、本問の場合、そもそもBは無権代理人であり、また表見代理も成立しない以上、Aへの効果帰属は最初から認められず、そのため、代理権濫用を語る意味がないからである。

　第2に、本問は、109条と110条の重畳的適用の事案でもない。もしBの強迫がなかったとすると、109条と110条がともに単独で成立する事案であるばかりか、たとえ109条の「代理権授与の表示」を110条の「基本代理権」と解したとしても、Aは「代理権授与の表示」自体を取り消すことができ、かつ、その効果をCに対して主張できるから、「基本代理権」を欠き、結局、表見代理は成立しないことになるからである。

　第3に、本問は、112条を問題とすべき事案でもない。なぜなら、112条は、かつて代理権が実際に有効に存在していたことを前提する規定だが、本問の場合、取消しの遡及効により、代理権は最初からなくなったことになるためである（詳しくは第2講を参照）。

■ 小問1について〔応用編〕

　表見代理が成立しないとすると、CはAに乙機械を返還しなければならないが、Cは即時取得（192条）を主張し、返還を拒むことはできるであろうか。

　まず、即時取得は有効な契約に基づき、所有者でない者から動産の引渡しを受けた者を保護する制度であり、意思表示の瑕疵や行為能力の制限、あるいは無権代理といった取引行為自体の問題を治癒する制度ではない。すると、CはAに対して即時取得による権利取得を主張できないこととなる。

　また、Cから見た場合の売主はAであるが、Aは真の所有者であるから、前主が無権限であることという即時取得の要件は満たされておらず、その意味でも即時取得は妥当しない。

　しかし、もしXがYに脅され、動産をYに譲渡する契約を結んだうえ、当該動産をYに引き渡し、さらにYがZに当該動産を売却して引き渡したとすると、その後、XがYに対する譲渡の意思表示を強迫を理由に取り消したとしても、──ZがXY間の事情を知らず、かつ、知らないことに過失がなかったと

すると——ZはXに対して即時取得を主張することができる。なぜなら、Xの取消しによって、当該動産の所有権は最初からYに移転しないことになるが（121条本文）、ZはYを所有者と信じ、Yとの有効な取引に基づき当該動産の占有を始めているからである（もっとも、Xの取消しによって、Yが遡って所有権を得なかったことになる〔＝ZがYと取引をした時点では、Yは一応所有者であった〕という事情に照らし、Zにおける善意無過失の対象は「Yを所有者と信じ、かつ、そのように信じたことに過失がなかった」ことではなく、「XY間の事情を知らず、かつ、知らなかったことに過失がなかった」ことに求められる）。

このように、上記の事案のZは、善意無過失であれば、即時取得を主張できるが、本問のCは善意無過失でも、即時取得を主張しえない。その実質的な理由はどこに求められるのであろうか。

上記の事案の場合、Yは自分が所有者であると名乗っている。したがって、Zがそれを信じ、かつ、信じたことに過失のない場合、Zとしては真の所有者に確認しえない（＝Zは誰に照会すべきか知りようがない）。

これに対し、本問の場合、Bは本人が誰であるかをCに示しているから（99条1項。いわゆる「顕名」）、CがBに代理権があると信じ、かつ、信じたことに過失がなかったとしても、本人であるAに確認する機会がある（＝顕名により、照会先が知らされている）。もちろん、照会しなかったからといって、直ちにCに過失があるとはいえないが、抽象的とはいえ、そのような機会が確保されているか否かという点で、上記の事案と本問とは決定的に異なる。これが、上記の事案のZについて即時取得が認められるのに、本問のCについてそれが認められない実質的な理由（の1つ）である。

以上のように、Cについては、即時取得も認められないので、結局、CはAに対して乙機械を返還しなければならない。そして、この場合、CはBに対して支払った代金の返還を請求できる（703-704条）。では、Cは、Bから代金の返還を受けるまで、乙機械を返還しないとAに対して主張できるであろうか。留置権（295条1項）の成否が問題となる。

留置権の成立要件につき、295条1項は「その物に関して生じた債権」とするだけで、牽連性の具体的内容は規定しておらず、その成否は解釈に委ねられている。

まず、本問の場合、CはBに対して代金返還を求めることができるが、Aに対してそのような請求はできないから、このことを理由に留置権の成立を否定する考え方がありうる。しかし、所有者Pが修理業者Qに動産の修理を依頼して引渡しをした場合、Qの修理中に、PがRに当該動産を譲渡し、指図による占有移転（184条）の方法でPR間の引渡しがされても、――Rは動産物権変動の対抗要件を備えているので（178条）、Qに対して自身が所有者であることを主張できるが――QはRに対して留置権を主張することができ、かつ、この場合の被担保債権はQのPに対する修理代金債権と解される。つまり、第三者に対する債権を被担保債権として、所有者に対して留置権を主張することもありうるのであり、とすると、本問にあっても、「CはAに対して代金の返還を請求することができない」との一事をもって、CのAに対する留置権が認められない理由とするのは困難である。

　他方、不動産が二重に売買され、第二買主が先に登記を備えたために、――当該不動産の引渡しを受けていた――第一買主が売主に対して損害賠償債権を取得し、この債権を被担保債権として第一買主が第二買主に対して留置権を主張した事案につき、最判昭和43・11・21民集22巻12号2765頁はこの主張を認めなかった。学説にあっても、説明の仕方は多様であるが、この結論には異論がない（道垣内弘人・担保物権法〔第3版〕（2008年）19-24頁、29-31頁参照）。そして、厳密な理由づけはともかくとして、もしこの事案で留置権を認めたとすると、二重譲渡における買主間の優劣判定基準を登記に求めた実質的な意味が損なわれることは容易に分かる。つまり、この場合、「その物に関して生じた債権」に当たるか否かの判断は、対抗要件制度の趣旨目的を勘案しつつ、されているのである。

　また、最判昭和51・6・17民集30巻6号616頁は、不動産売買に関し、「他人の物の売買における買主は、その所有権を移転すべき売主の債務の履行不能による損害賠償債権をもって、所有者の目的物返還請求に対し、留置権を主張することは許されない」と判示した。この理由づけについても見解は分かれるが、ここで買主の留置権を認めたのでは、不動産取引では静的安全を重視し、即時取得を認めないとした民法の基本方針が揺らぐことは理解できよう。そして、本問の場合も、もしCに留置権を認めたとすると、Bの代理行為の効果は

Aに帰属しないとした根本的な方針が実質的に覆されることになりかねず、そうであるなら、留置権は認められないと解すべきこととなろう（前掲最判昭和51年をめぐる議論及び道垣内・前掲箇所等を参照）。

このような制度趣旨に根ざした発想が「基礎」、「基本」である。

■ 小問2について

小問2では、CはDに乙機械を転売している。この場合、AD間の法律関係はどうなるであろうか。基本的事項の確認からはじめよう。

小問1で検討したとおり、Cは乙機械の所有権を取得することができない。すると、Cから乙機械を購入したDも所有権を取得できないのが原則である。

[1] DがCを所有者と信じ、かつ、そのように信じたことに過失がなかった場合

Dは無権利者であるCから乙機械を購入しており、Dについて即時取得（192条）が成立する可能性がある。なぜなら、①乙機械は動産であり、②Cは所有者でないのに、乙機械を占有しており、③DはCとの有効な取引行為に基づき、④平穏に、かつ、公然と乙機械の現実の引渡しを受けているからである。したがって、⑤Dが乙機械の引渡しを受けた時点で（売買契約が締結された時点ではない）、Cを所有者と信じ、かつ、信じたことに過失がなかったとすると、Dは乙機械の所有権を取得できる。そして、その場合、AはDに対して乙機械の返還を請求できないこととなる。

なお、この点に関し、次の3点には注意を要する。

第1に、Dは乙機械について小問2(1)(2)で示された費用を費やしているが、AD間でこの費用の償還が問題となることはない。なぜなら、この場合、乙機械の所有者はDであるから、Dは自身の所有物に費用を投下したにすぎないからである。

第2に、Dの保護が図られるのは、即時取得（192条）によってであり、表見代理によってではない。なぜなら、本問の場合、そもそも表見代理は成立しないし（小問1参照）、またたとえA側の要件が満たされたとしても、Dは109条ないし110条の「第三者」に当たらないからである（表見代理制度は、無権代理人

を代理権のある者と信じてその代理人との取引関係に入った者、すなわち、代理行為の直接の相手方を保護するための制度であるから、Dはこの「第三者」には当たらないのである。第2講参照）。

　第3に、**小問2**からは離れるが、もしAがCに乙機械の返還を求め、Cの表見代理の主張に対して、**小問1**で示した取消権を行使した後に、Cが乙機械をDに転売した場合、AD間の関係がどうなるかという問題もある。この場合も、Dについて即時取得が成立する可能性はあるが、たとえばXがYの強迫によって動産をYに売却して引き渡した事案で、XがYに対する意思表示を取り消した後、YがZに当該動産を転売した場合、取消しの遡及効を貫徹するなら、確かにZには即時取得（192条）の可能性が認められるだけだが、復帰的物権変動論によれば、XZ間の関係は対抗関係（178条）として処理されることになる。すると、上記の事案（**小問2**とは異なる）でも、Aの取消しによって、はじめて表見代理は成立しなくなると考えると、AD間の関係は対抗関係として処理されるかのようにも思える（その結果、Dは悪意ないし過失があっても、背信的悪意者に当たらない限り、乙機械の所有権を取得しうる）。

　しかし、復帰的物権変動論を支える論理は――それが説得的かどうかは別として――「たとえ取り消されたとしても、取り消されるまでは、取り消すことのできる行為も一応有効であり、そのため、所有権は一度はYに移転しているから」というものだが、表見代理の場合、表見代理も無権代理の一種であるから、そもそもCが乙機械の所有権を取得することはなく、ただ、表見代理が成立する場合に限って、所有権の取得が認められるにすぎない。そして、本問の場合、その表見代理も認められないから、ここで復帰的物権変動論に相当する考え方を持ち出すのは――「論理的に不可能」といえないまでも――困難であり、実際、そのような見解は見当たらないようである。

[2] DはCを所有者と信じたが、そのように信じたことに過失があった場合

　Dについて即時取得が成立しない場合、AD間の法律関係はどのようになるであろうか。Dの主観的態様に応じて変わってくる。

　DがCを所有者と信じたが、そのように信じたことに過失があった場合、善意無過失の場合と異なり、所有権を取得できるという最大限の保護は与えられ

ないが、なお、若干の保護がされる。すなわち、

　第1に、Dは所有者であるAに対して乙機械を返還しなければならないが、善意の占有者には果実収取権が認められる（189条1項。同条2項も参照）。そして、DはAの所有物である乙機械を使用していたのであるから、本来、Aに対してその利益を返還すべきであるが（703条）、自己使用の利益は果実と同じ扱いがされるから（第10講のほか、第9講も参照）、DはAに乙機械の使用利益（賃料相当額）を返還しなくてよいこととなる。

　第2に、DにはAに対する費用償還請求権が与えられる（196条1-2項）。すなわち、

　(1)の費用は、乙機械の生産効率を維持するためのものであるから、必要費といえる。したがって、本来、DはAに対してその費用の全額を償還請求できるはずである（196条1項本文）。もっとも、Dが善意である場合、上記のとおり、Dは——果実と同じ扱いがされる——自己使用の利益をAに対して返還しなくてよい。そのため、このこととのバランスから、「通常の」必要費の償還請求は認められていない（196条1項ただし書）。そして、(1)の費用は、乙機械の通常の使用に伴って発生するものであるから、「通常の」必要費といえ、結局、DのAに対する(1)の費用の償還請求は認められないことになる。

　これに対し、(2)の費用は、乙機械の性能をさらに向上させるためのものであるから、有益費に当たる。したがって、DはAに対して196条2項に基づき償還請求することができる。

　では、DはAから返還請求を受けた場合、留置権を主張して、その返還を拒むことができるか。何を被担保債権と考えるかによる。

　まず、たとえばDがCに乙機械の代金を払っていた場合、Dが所有権を取得できないとすると、DはCとの売買契約を解除し、代金の返還と損害賠償を求めることができる（560-561条、545条1-3項）。しかし、Dはこれを被担保債権として、Aに対し留置権を主張することはできない（小問1のうち、特に最判昭和51年参照）。

　他方、有益費償還請求権を被担保債権と考えた場合、留置権の成立が認められる（大判昭和10・5・13民集14巻10号876頁参照）。Aが手にする乙機械の価値は上がっており、Dの留置権も認めても均衡は取れている。しかし、——確かに

Dは悪意でないから、Aが有益費の償還につき期限の許与を求めることはできないが（196条2項ただし書）——Dには過失があるから、Dの占有は不法行為によって始まったと解することもでき、そうなると、留置権は認められない（295条2項）。ただし、悪意ならともかく、過失があるにすぎない占有者に留置権を認めなくてよいかどうかは問題である（この点を含め、留置権について、詳しくは第10講参照）。

[3] Dが、Cが所有者でないことを知っていた場合

この場合、Dの保護はより弱められたものとなる。

まず、DはAに対して乙機械の賃料相当額を支払わねばならない（703-704条、あるいは709条。なお、190条1項も参照）。Dが善意である場合とは異なるのである。

他方、Dが悪意であっても、必要費の償還請求は認められる（196条1項）。なぜなら、目的物が所有者の手許にあったとしても、必要費はいずれにせよ支出されるはずのものだからである。また、上記のとおり、DはAに賃料相当額を支払うことになるから、結果として、AD間の関係は——少なくとも金銭の清算の場面にだけ着目するなら——あたかも賃貸借契約が存在したかのような状態になる。そして、賃貸借において賃借人の負担した必要費は賃貸人に対して償還請求できるから（608条1項）、これとのバランスからも、DのAに対する必要費償還請求は認められてよいはずである（Dから賃料相当額を得つつ、必要費を負担しないとすると、Aは二重に利得を得ることになる）。

なお、(1)の部品は——(2)の部品と異なり——固定化されているから、DはAに対して付合を理由とする償金請求も可能なはずである（243条、248条、703-704条）。ただし、196条は不当利得の特則とされているから、償金請求よりも費用償還請求が優先されよう。

さらに、DはAに対して有益費の償還請求をすることもできる（196条2項）。目的物の価値が上昇している以上、悪意のDにもこの請求は認められる。

では、Dはこれらの費用償還請求をもって留置権を主張できるであろうか。有益費について期限の許与が認められた場合（196条2項ただし書）、債権の弁済期が到来していないことになるので、留置権は成立しない（295条1項ただし

書)。しかし、必要費については、期限の許与は認められていない（196条1項参照）。けれども、Cが所有者でないことをDが知っていた場合、Dの占有は不法行為によって始まったといえるから、期限の許与を問うまでもなく、留置権は認められないことになる（295条2項）。

　以上のように、Dの保護をめぐっては、①善意無過失、②善意（過失あり）、③悪意、というDの主観的態様に応じた扱いがされている。このような全体像を把握することが「基礎」、「基本」である。

▶債権各論（契約法）

15 委任の解除をめぐる法律関係
―― 請負の解除と比較して

[問題]

1　Aは自己所有の土地をBに売却し、その登記申請事務を司法書士であるCに依頼した。CはAから委託された事務を遂行すべく、一部の書類を作成する等の準備をし、申請用に収入印紙も購入したが、その後、AはCを信用できなくなったと言って（ただし、Cに債務不履行の事実は認められない）、Cとの契約を解除すると主張している。

(1)　Aによる解除は認められるか。

(2)　仮にAによる解除が認められたとして、この場合、(a)CはAに対して、(b)AはCに対して、それぞれどのような請求をすることができるか。

　また、AC間の契約では、Cは委任事務が終了した時点で、Aから報酬として20万円受け取ることになっており（ただし、20万円のうち、18万円は収入印紙代や交通費等の実費であり、Cが得る純粋な手数料は2万円である）、Aが契約を解除した時点では、委任事務はまだ10％しか遂行されておらず、費用も予定額の10％しか支出されていなかった、とする。この場合、(c)CがAに対して請求できる額はいくらか。

2　甲乙間で請負契約が締結されたが、注文者である甲は請負人である乙を信用できなくなったと言って、乙との契約を解除すると主張している。甲による解除は認められるか。また、仮に解除が認められたとして、この場合、乙は甲に対してどのような請求をすることができるか。小問1(2)と対比しながら、説明しなさい。

■ 小問1(1)について〔基礎編〕

　Aは、登記申請に係る事務を司法書士Cに委託している。すると、AC間で締結された契約は委任契約（643条）であることになる。もっとも、AがCに依頼したのは、通常の法律行為（たとえば契約の締結）ではないから、AC間の契約は、厳密にいうなら――委任ではなく――準委任（657条）のはずであるが、準委任については委任に関する規定が準用されるので（657条）、以下では単に「委任」と指称することにする。

　ところで、契約が一度締結されると、両当事者はこれに拘束され、契約を勝手に破棄できないのが原則である（ただし、無償契約である贈与については、例外的な規定〔550条本文〕が設けられている）。そして、契約を解除するには、一般に相手方が債務不履行に陥っていることが要件とされる（541-543条）。しかし、委任契約にあっては、債務不履行を前提とすることのない解除権が両当事者に認められている（651条1項）。委任契約が締結されるのは、当事者間に人的信頼関係があるからで、それが失われた場合、契約が円滑に履行されることは期待できないからである。したがって、本来、AはCとの契約を（いつでも）解除できるはずである。

　とはいえ、①解除権放棄特約が有効でありうることは、古くから認められているし（大判大正4・5・12民録21輯687頁。ただし、年金受領者が債権者に年金の受取りを委任するとともに、解除権放棄特約を結んだ事案であり、年金制度の趣旨からして、委任契約の効力自体に疑義があったためか、特約の効力は結果として否定されている）、②当該委任が「受任者ノ利益ヲモ目的トスルトキ」には、委任者は651条1項に基づく解除ができないとされている（大判大正9・4・24民録26輯8巻562頁）。

　小問1の場合、AC間の委任契約は、AがCに報酬を支払うことになっているから（小問1(2)参照）、有償委任である（648条1項参照）。すると、上記の「受任者の利益を目的とした委任」と有償性との関係が問題となるが、単に報酬の特約があるだけでは、「受任者の利益を目的とした委任」とはいえない、というのが通説的な理解である（たとえば最判昭和43・9・3裁判集民事92号169頁〔報酬特約のある不動産仲介契約〕、最判昭和58・9・20判時1100号55頁〔税理士顧問契約〕）。

15　委任の解除をめぐる法律関係　　147

では、「受任者の利益を目的とした委任」とはどのような委任であろうか。前記大判大正9年は、債権者X（委任者）が債務者Y（受任者）に、Xの他の債務者に対する債権の取立てを委任し、取立ての費用はYが負担する代わりに、Yの債務の弁済を猶予し、さらにYによる取立てが成功した暁には、その1割をYの報酬としたうえ、この報酬をもってYの債務の弁済に充てると合意していた事案であった（「受任者〔＝Y〕の利益を目的とした委任」とされ、Xによる解除は否定された）。一見、単純な有償委任のように見えるが、Xによる解除を認めた場合、Yは──報酬に加え──弁済の猶予も受けられなくなり、さらに猶予を期待していたYが他の資金調達の手段を講じていないことも考えられるから、Yの受ける不利益は、通常の有償委任が解除された場合に受任者が受ける不利益よりも大きいといえよう（特にXのYに対する債権を担保するため、Yの所有物に担保権が設定されていたと仮定すると、Yは目的物の所有権を失うという不利益も被ることになる）。

これに対して、小問1の場合、CがAの解除によって受ける不利益は、報酬を失うことに尽き、その意味では単純な有償委任であって、「受任者の利益を目的とした委任」とはいえない。したがって、AはCとの委任契約を解除することができる。

なお、これに関連して、次の5点には注意を要する。

第1に、「受任者の利益を目的とした委任」であっても、受任者に債務不履行があったときには、委任者は委任契約を解除できるし（541-543条）、加えて「受任者が著しく不誠実な行動に出る等やむを得ない事由があるとき」には、651条1項に基づく解除が認められる（最判昭和40・12・17裁判集民事81号561頁、同昭和43・9・20判時536号51頁）。

第2に、現在の判例理論によれば、「受任者の利益を目的とした委任」であっても、「委任者が委任契約の解除権を放棄していたものと解されない事情があるときは」、委任者は651条に則り委任契約を解除できる、とされている（最判昭和56・1・19民集35巻1号1頁）。この判決の具体的な事実関係については、各自、教科書等を参照していただきたいが（最高裁判所判例解説民事篇〔昭和56年〕(1986年) 1頁〔淺生重機〕で詳細な分析検討がされているほか、たとえば内田貴・民法Ⅱ〔第3版〕(2011年) 296-298頁でも、比較的詳しい紹介がされている）、この判

決に対しては、その結論に批判的な見解がある一方（内田・前掲箇所参照）、この事件の委任契約は単なる有償委任であって、「受任者の利益を目的とした委任」とはいえないとの前提理解のもと、結論に賛成する説もある（幾代通＝広中俊雄編・新版注釈民法16巻（1989年）284-285頁［明石三郎］）。さらに、複合的な内容を持つ混合契約であったことから、そもそも当該契約を「委任」と性質決定してよかったか否かについても疑義はある。

第3に、前掲最判昭和56年の一般論のもとでも、「受任者の利益を目的とした委任」であり、かつ、解除権を放棄していたものと解される事情があるときは、651条1項による解除は認められないことになる。PがQに融資をするさい、QがRに対して有する債権の取立てをPに委任し、これをPのQに対する債権の担保としたときには、「解除権を放棄していたものと解される事情」が認められ、QはPに対する取立委任を651条1項に基づき解除することはできないこととなろう（Qによる解除を認めると、結果として、PはQに無担保で融資したことになる）。

第4に、前掲最判昭和56年は、委任者による解除が認められた場合であっても、「受任者がこれによって不利益を受けるときは、委任者から損害の賠償を受けることによって、その不利益を填補され〔る〕」とする。とすると、651条1項の解除をめぐっては、①解除が可能で、かつ、相手方に損害賠償をしなくてよい場合（651条2項も参照）、②そもそも解除ができない場合、③解除はできるが、相手方に損害賠償をしなければならない場合、という3つの類型が存在することになるが、③の損害賠償と651条2項の損害賠償との異同については、必ずしも明らかではない。

第5に、委任契約の解除の場合、遡及効は認められていない（652条、620条）。651条1項に基づく解除はもとより、債務不履行に基づく解除も同様である。

■ 小問1(1)について〔応用編〕

〔基礎編〕で検討したように、Aは651条1項に基づき、Cとの委任契約を解除することができる（ただし、AC間で解除権放棄特約がされていた場合は別であ

15 委任の解除をめぐる法律関係　149

る)。しかし、登記申請事務の委託の場合、この原則をそのまま貫徹してよいであろうか。

　AがCに登記申請事務を委託したのは、AがBに自己所有の土地を売却したためである。周知のとおり、登記手続にあっては共同申請主義が採られており、**小問1**の場合、AとBが共同で登記手続の申請をする必要がある。そして、申請手続をするには専門的知識が必要とされるから、売買当事者は一般にその事務を司法書士に委託する。そこで、AはCに依頼したわけだが、Aだけでなく、AとBが共同して同じ司法書士（＝C）に事務委託することもまま見受けられる。そのほうが簡便であり、また報酬も——AとBがそれぞれ別の司法書士に頼んだ場合と比較し——安価で済むからである。そして、この場合、Cは、登記申請手続上、Aの代理人であり、かつ、Bの代理人でもあることになるが、申請手続はAB間の売買契約の履行であり、またAとBがCに共同で委託した場合、AもBもCが申請手続をすることを許諾しているといえるから、双方代理ではあるものの、許されることとなる（108条ただし書）。

　ところで、不動産売買にあっては、代金の支払と登記の移転が同時履行関係にされることが多い。互いに互いの履行を担保するためである。そして、もし**小問1**(1)において、AとBが共同でCに登記申請を委託していたとすると、その委託をした時点で、BがAに代金を支払うといった事態も考えられる。司法書士に登記申請を依頼した以上、Bは移転登記がされるのは確実と考えるからである。しかし、BがAに代金を支払った直後、まだCが申請手続を完了していない段階で、AがCとの委任契約を解除したとすると、Aは登記移転をすることなく、Bから代金支払を受け、他方、Bは同時履行のつもりであったのに、先履行させられたことになる。しかも、その後、Aがその土地を第三者に売却して登記を移転した場合、Bは当該土地の所有権を得られないばかりか、Aが破産したとすると、BはAに支払った代金すら回収できないこととなる。

　そこで、最判昭和53・7・10民集32巻5号868頁は、売主である登記義務者（＝A）と買主である登記権利者（＝B）が共同して同じ司法書士（＝C）に登記手続を委託した事案につき、AC間とBC間に2つの委任契約が併存していると解しつつ、「〔2つの委任契約は、相互に関連づけられ、AC間の委任契約はBの利益をも目的としているというべきであるから〕このような場合には、AとCと

の間の委任契約は、契約の性質上、民法651条1項の規定にもかかわらず、Bの同意等特段の事情のない限り、解除することができない」と判示した。上記のようなAB間の利益状況に照らすなら、Bが同意したり、あるいはCに著しく不誠実な行動があるなら格別、そうでない限り、651条1項の解除は認めるべきではなかろう。

　では、AとBが共同してではなく、AがCに登記手続を委託した後、これを知ったBが——Aに知らせることなく——同じくCに手続を依頼した場合、AはCとの委任契約を651条1項に基づき解除することができるであろうか。「難問」である。

　まず、結果としてAとBが同じCに登記申請を委託している点をとらえるなら、前掲最判昭和53年の法理がそのまま妥当してもよいことになる。しかし、BがCに委託する前の段階では、AはCとの契約を651条1項に基づき解除できたはずなのに、その権利が——Aの知らないうちにされた——BC間の契約によって消滅するのはやや奇妙である。しかも、BがAC間の契約を知りつつ、Cと契約したのであれば、そこから生じるリスクはBが負担すべきであろう。すると、前掲最判昭和53年の射程は、このような事案にまでは及ばないとの解釈も十分ありうることとなる。

　しかし、そうなると、BがAに代金を支払った後、AがCとの契約を解除する可能性が出てくる。もちろん、BC間で契約がされたことを知ったAがBに代金を払わせたうえ、移転登記をしないことを狙って、Cとの契約の解除を主張した場合、権利濫用等の一般法理によって解除を認めないという方法もあろうが、そうでない限り、上述の解釈によれば、Aの解除は認められるであろうし、すると、——たとえAが解除した時点では意図していなくても——Bが登記を得られないリスクは結果として生じることになる。

　AC間の事情を知りつつ、BがCとの契約に入ったとすると、Bが一定のリスクを負うことはやむをえない。しかし、CはBに対して善管注意義務を負っており（644条）、すると、CにはBのリスクを極小化する義務があるといえる。具体的には、AがCとの契約を解除した場合、CはBにこのことを直ちに報告する義務を負うと解すべきであろう（これはCがBに対して負う善管注意義務の1つの内容として課される義務であり、「委任者から請求があるとき」に受任者に課さ

れる報告義務〔645条〕と異なり、——緊急事態である以上——Bから請求がなくとも、CはBにその旨を連絡する義務があると考えるべきであろう）。

■ 小問1(2)について

Aによる解除が認められた場合、AC間の法律関係はどうなるであろうか。まず、(a)CのAに対する請求から見ていこう。

Aの解除は——Cの債務不履行に基づくものではなく——651条1項を根拠としている。有償委任における報酬の支払は、通常、後払であるが（648条2項）、受任者の責に帰することのできない事由によって委任が途中で終了したときは、受任者は履行の割合に応じて報酬を請求することができる（648条3項。その具体的な額については、後述）。そして、Cは既に一部の書類を作成する等の準備をしているから、Aに対してその割合に応じた報酬を請求できることになる。

次に、Cは申請用に収入印紙を購入している。委任事務の処理費用については、受任者は委任者に前払を請求することができる（649条。もっとも、小問1(2)のように、当事者間で後払の特約をすることは可能である）。また、受任者が既に費用を支出していたときには、受任者は委任者に償還請求することができ（650条1項）、さらに——まだ費用を実際には支出していなくても——費用に関わる債務を負ったときには、受任者は委任者に「自分（＝受任者）に代わってその債務を弁済せよ」と請求することができる（同条2項）。したがって、Cが収入印紙の代金を既に支払っていた場合には、CはAに対して費用の償還を請求できるし、Cがまだ収入印紙の代金を払っていない場合には、Aに対して——収入印紙の売主に——自分（＝C）に代わって代金を支払えと請求することができる。

加えて、「受任者の利益を目的とした委任」の場合、たとえ委任者による解除が認められても、受任者は委任者に損害賠償を請求することができる（前掲最判昭和56年）。しかし、AC間の委任は、前述のとおり、有償委任ではあるものの、「受任者の利益を目的とした委任」とはいえないから、CはAに対して損害賠償を請求することはできない。

また、――最判昭和56年がいう「損害賠償」との異同について議論のある――651条2項の「損害賠償」についても、AはCにとって不利な時期に委任を解除したとはいえないから、同項を根拠とする損害賠償も認められないこととなろう（同項の想定する典型例とは、受任者が委任者との契約を緊急時に解除し、そのため、委任者が第三者に遅滞なく事務処理を委託することができずに損害を被った、というものであるが、小問1の場合、そのような事情は見当たらない）。

　では、逆に、(b)AはCに対してどのような請求ができるであろうか。

　まず、受任者には、事務処理に当たって受け取った物を委任者に引き渡す義務がある（646条1項前段）。したがって、AはCに収入印紙の引渡しを請求することができる。のみならず、履行の割合に応じてCに報酬を支払う以上、AはCに対して作成済みの書類の引渡しも求めることができる。

　次に、AはCに委任事務の処理状況について報告を求めることができる（645条）。

　さらに、解除後であっても、急迫の事情があるときには、委任者は受任者に必要な措置を求めることができる（654条）。ただし、委任者が651条1項に基づき委任契約を解除した場合、受任者がこの「善処義務」をどの範囲で負うべきかは――委任者がいわば勝手にした解除であるだけに――判断の難しい問題である。

　最後に、(c)CがAに対して請求できる具体的な報酬額を考えてみよう。

　前述のとおり、受任者は履行の割合に応じて報酬を請求することができる。すると、単純に考えて、CはAに2万円（＝20万円×10％）請求できるように見える。しかし、AC間で約定された報酬額の内訳は、純粋な手数料は2万円で、残りの18万円は収入印紙や交通費等の実費である。すると、委任事務が10％しか遂行されていない以上、純粋な手数料（純粋な意味での報酬）については、2000円（＝2万円×10％）しか請求できないが、費用については、649条や650条1-2項とのバランスから考えても、実際に支出した額を請求できてよいはずである。したがって、極論するなら、もしCが既に18万円の費用を支出していた場合、CはAにその全額を請求できることになろう（648条3項の「報酬」とは、「費用」とは区別された意味での「報酬」であり、AC間の契約を解釈するにあたっては、20万円の「報酬」〔これはAC間の契約において用いられた――648条3項にい

う「報酬」とは若干ずれのある——名称である〕については、このような観点から精査する必要がある）。

とはいえ、費用についても、Ｃはまだ予定額の10％しか費やしていない。すると、ＣがＡに請求しうるのは、費用についても18000円（＝18万円×10％）だけであり、したがって、ＣがＡに請求できる総額は２万円（＝2000円＋18000円）であることになる。

■ 小問２について

　請負契約にあっても、当事者は相手方の債務不履行を理由に契約を解除できる（541-543条、635条本文。ただし、635条ただし書に注意）ほか、仕事が完成しない間は、注文者はいつでも契約を解除することができる（641条）。注文者にとって不要となった仕事をそれ以上続けることは、社会的に見て、無駄だからである。したがって、641条の定める解除権は、「いつでも」解除できる（つまり、請負人の債務不履行を前提としない）点では、651条１項の解除権と同じであるが、注文者にのみ与えられる（つまり、請負人には認められない）点では、両当事者に解除権が認められる651条１項とは異なっている。

　また、注文者が契約を解除した場合、注文者は請負人に損害賠償をしなければならず、この点でも、641条の解除は651条１項の解除とは異なっている。そして、ここでいう「損害賠償」とは一般に「履行利益の賠償」と解されており、すると、小問１⑵の数値をそのまま用いるなら、本来、乙は甲に対して20万円請求できるはずである（甲乙間の契約が履行された場合、乙は20万円の請負代金を得ていたはずであるから、乙の「履行利益」は20万円である。また請負代金額そのものであるから、「通常生ずべき損害」〔416条１項〕といえる）。

　とはいえ、乙はまだ費用を18000円しか費やしていない。すると、まだ支出されていない費用（162000円〔＝18万円－18000円〕）については、損益相殺がされるから、結局、乙が甲に請求できるのは38000円（＝20万円－162000円）であることになる。そして、この額は、費やした費用（18000円）に純粋な報酬の全額（２万円）を加えたものであり、結局、まだ仕事をしていない分の報酬も請負人が得られる点で、委任契約において受任者が請求できる報酬のルール（履

行した割合でしか請求できない。648条3項）と異なっていることになる。

　なお、請負契約の解除の場合、委任契約における652条のような規定は存在しない。そのため、545条1項本文がそのまま妥当し、請負契約の解除には遡及効があることになる。しかし、判例は、建物の建築請負契約において、一部の建物が既に竣工した後に注文者が641条に基づき契約を解除した事案につき、給付が可分であって、完成した部分だけでも当事者にとって利益があるときは、完成部分について契約を解除することはできず、未完成部分に関してのみ解除できるとして、事実上、解除の遡及効を制限した（大判昭和7・4・30民集11巻8号780頁）。このように解すれば、完成部分の所有権が注文者に帰属することも無理なく説明することができ、合理的な解決を導くことができる。

　しかし、この理は641条の解除にのみ妥当するものではなく、請負契約にあっては、債務不履行に基づく解除にも等しく当てはまるものであろう。たとえば大工さんに屋根のペンキ塗りを頼んだところ、北側の屋根に注文のとおりのペンキを塗ったところで、理由もなく、仕事を中止した場合、注文者は大工さんの債務不履行を理由に契約を解除することができるが（541条）、既にペンキが塗られている北側の屋根についてまで解除の効果を及ぼす必然性はなく、大工さんに原状回復義務を課すことはかえって不経済でもある。すると、この場合も一部解除しか認めないことで、仕事が完成した部分については、事実上、解除の遡及効を及ぼさないほうが解決策としては合理的であろう。最判昭和56・2・17判時996号61頁では、現にこのような解釈が採られている。

　類似した規定（ないし法理論）がある場合、その異同と背景に注意しながら、比較することで「理解」はさらに深まる。これも学習における「基礎」、「基本」である。

▶附録1

民法入門
—— 民法の意義、構造、基本原理

Q　民法とは、どんな法律ですか。
A　民法を厳密に定義するのは、大学の先生でもなかなか難しいことです。しかし、民法をはじめて学ぶみなさんにとって、大まかなイメージをつかむためには、他の法律と比べるのがわかりやすいと思います。

　法学部では、よく「憲法、民法、刑法が基本だ」といわれます。このうち、憲法は、基本的人権と統治機構論の2つのパートから成り立っており、前者は「国家 対 国民」の関係（基本的人権とは、国家に対する国民の権利です）を、後者は「国家機関 対 国家機関」の関係（立法、行政、司法という三権分立の関係）を規律しています。また刑法は「国家 対 国民」の関係（国家が犯罪者に刑罰を科すという関係）を対象としています。しかし、そうなると、この2つの法律では規律されていない関係があります。「国民 対 国民」の関係、すなわち、普通の人同士の関係で、これが民法の対象としている関係です。

Q　民法は、普通の人同士の関係に、どうして首を突っ込むのですか。
A　もちろん、すべての「関係」に介入してくるわけではありません。単なる友人関係や恋愛関係に民法が口を差しはさむことはありません。民法が登場するのは、取引関係、侵害関係、家族関係という3つの局面です。順に説明していきましょう。

　まず、①取引関係とは、契約関係のことです。そして、取引が順調に進んでいる限り、特に法律は出てきませんが、契約違反などのトラブルが起こった場合、紛争を解決するため、民法が登場してきます。

　次に、②侵害関係とは、基本的には不法行為の関係のことです。他人の物を盗んだり、他人を傷つけた場合、盗んだ物を返還しなければなりません

し、損害を賠償する責任を負わねばなりませんが、このことを定めているのが民法です。

最後に、③家族関係では、夫婦間の財産関係や親子間の扶養、さらに相続の場面で民法が登場してきます。

このうち、①②が財産法と呼ばれ、③が家族法と呼ばれています。③は特殊性が強いので、ここでは財産法について説明しましょう。

■公法と私法

少なくとも一方の当事者が国家（機関）である場合に適用される法律を「公法」、普通の人同士の関係を対象とする法律を「私法」、と呼ぶ。したがって、憲法や刑法は公法であり、民法は私法である（そのほか、たとえば商法も私法であるが、特に民法は私法のなかでも包括的な法律であるため、「民法は私法の一般法である」などといわれる）。もっとも、国が権力の主体としてでなく、単なる取引の当事者として、普通の人と変わらぬ立場で登場するとき、そこで適用されるのは私法である。たとえば国とある企業が売買契約を結び、企業が物を納入したのに国が代金を払わない場合、企業は民法に則って国に契約違反に基づく責任を追及していくことになる。

また1つの事件に複数の法律が適用されることもある。詐欺をはたらいた場合、詐欺罪として刑法上の処罰の対象となる。しかし、これで被害者が直接救済されるわけではなく、被害者が救済されるためには、加害者に対して、民法に基づいて損害賠償を請求していくことになる。

Q　民法を学習するさい、まず何から勉強すればよいですか。

A　民法は、普通の人同士の関係を規律するための法律ですが、そのために民法が使っている道具立て、つまり、基本的な枠組み（モデル）を押さえておくことからはじめると、見通しが良くなると思います。このようにいうと、何か難しく聞こえるかもしれませんが、非常に単純です。次頁の【図1】を見てください。

民法が普通の人同士の関係を認識するために用いている道具立ては、「人」、「物」、「関係」の三つです。すなわち、A（人）がa（物）を所有し（これが1つのユニットです）、B（人）がb（物）を所有し（＝ユニット）、そし

民法入門　157

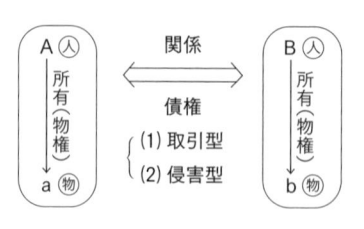

【図1】 民法の想定するモデル　　【図2】 民法典の構造（編別と章立て）

(1) 第1編　総則：人 ⟶ 物 ⟶ 法律行為（≒契約）
(2) 第2編　物権：　　（詳しく。）
(3) 第3編　債権：　　　　　　（詳しく。不法行為も含む。）

て、このユニット同士の間に一定の関係が生ずる、という極めて単純なモデルなのです。

　このうち、「人」（AおよびB）とはまさに普通の人を指し、「物」（aおよびb）とは所有や取引の対象となる物を指します。そして、この「人」が「物」を所有する関係を、民法の用語では「物権」と呼びます。「物に対する権利」という意味です。またユニット同士の間に「関係」が生まれ（端的にいえば、紛争が生じ）、そこに民法が登場してくるわけですが、この「関係」のことを「債権」と呼びます。「人に対する権利」という意味です。そして、この「関係」には、既に説明したように、「取引型」と「侵害型」があります。

Q　そんなこと、民法のどこに書いてあるのですか。
A　そのようなことをはっきりと定めた条文はありません。しかし、民法典の編別や章立てを見れば、すぐにわかります。上の【図2】と六法で民法典の目次を見てください。

　まず民法典は、総則編、物権編、債権編、親族編、相続編の5つのパートから成り立っています。後者の2つは家族関係を規律する家族法、前者の3つが財産法です。

　次に民法第1編の総則編は、「人（法人を含む）」→「物」→「法律行為」という流れで章立てがされています。このうち、「法律行為」とは「関係」、より正確にいうと、「取引型」に当たるものです。

　このように、民法の総則編は、「人」、「物」、「関係」の順で規定が設けられ、そして、「物」について詳しくは第2編の物権編で、「関係」について詳

しくは第3編の債権編で規定されているのです。また「関係」のなかでも、「侵害型」は「取引型」と比べ、例外的なので、債権編の最後の部分でふれられています。どうです、実にシステマティックな編別と章立てでしょう。

Q　民法の全体的な構造はわかりましたが、内容の面で、何が民法の基本であるかを教えてください。
A　民法は、その構成要素である「人」、「物」、「関係」のそれぞれについて基本原理を定めています。

　まず「人」について、民法は「私権の享有は、出生に始まる」（3条1項）と定めています。人でさえあれば、権利の主体、つまり、所有者や契約当事者になることができ、逆に権利の客体や契約の目的物になることはないとしているのです。かつては奴隷のように権利の客体とされ、契約の目的物でしかなかった者もいましたが、この条文はそのような存在を否定しており、民法版の「人権宣言」といえます。これが「人」について民法が採っている基本原理であり、「人権宣言」である以上、例外はありません（ただし、憲法におけるのと同様、外国人については若干の留保がされています。民法3条1項）。

■権利能力と法人
　権利の主体ないし契約当事者となりうる地位のことを、民法では「権利能力」と呼んでいる。したがって、すべての人は権利能力を有していることになる。しかし、権利能力の認められる主体が「人」だけであるとすると、不便なことも出てくる。たとえば企業の場合、社会的に見れば、1つの組織として活動しており、物を所有し、契約を結んでいる。会社の所有している物をすべて株主の共有としたり、会社と契約する者にとって、契約の相手方が会社でなく、全株主であるとすると、法律関係は複雑になる。そこで、企業そのものに権利の主体ないし契約当事者となる資格を認めてしまおうという発想、つまり、「人として扱おう」という発想が出てくる。この「『法』が『人』として認めた存在」のことを「法人」という。

　次に「物」について、民法は有体物（固体、液体、気体のような物理的存在）を「物」として想定しています（民法85条）。しかし、そもそも民法は普通の

人同士の関係を規律することを目指していますので、たとえ物質であっても、権利や取引の対象とならないような物（天体、海洋、大気など）は、民法上の「物」とはされません。

ところで、「物」に関する基本原理として、みなさんがまず勉強しなければならないのは、このような支配可能性ないし取引可能性の問題ではなく、「所有権絶対の原則」です。この原則の意味は多義的ですが、しかし、所有者は所有者であり、理由なく所有権を奪われることはないし、自分の所有物である限り、それをどのようにしようと自由である（民法206条）、という内容を含むものであることは確かです。もっとも、自分の所有物であっても、ペットを虐待してはいけませんから、この原則にも例外はあります。

最後に「関係」については、「取引型」と「侵害型」のそれぞれについて異なる基本原理が存在しています。

まず「取引型」では、意思自治（ないし私的自治）の原則が基本原理とされています。そして、この原理は、契約自由の原則と契約の拘束力という2つの原則から成り立っています。契約自由の原則とは、そもそも契約を結ぶか否か（締約の自由）、結ぶとして誰と結ぶか（相手方選択の自由）、どのような内容の契約にするか（内容決定の自由）という3つの自由から構成されていて、要するに、契約するしないは自由であるというものです。これに対して、契約の拘束力とは、そのように自由に結んだ契約である以上、その契約に拘束される、つまり、一方的にキャンセルすることはできない、というものです。

ところで、契約自由の原則と契約の拘束力は当然のことと思われたためか、民法では明示的には定められておらず、例外のみが規定されています。たとえば契約内容は当事者が自由に決められるが、公序良俗に反するものは無効であるとか（民法90条）、無償契約である贈与契約においては、契約締結後も撤回できる場合がある（民法550条本文）とされているのです。

次に「侵害型」では、過失責任主義が基本原理とされています（民法709条）。単に相手方に損害を加えたという理由だけで損害賠償責任を負うことはなく、その原因行為に落ち度があった場合にのみ責任を負う、というのがこの原理の内容です。結果責任ではない、ということです。

過失責任主義が採用された背景には、落ち度のない行為は責められないという倫理的ないし道徳的理由と、結果が悪ければ全責任を負えという結果責任主義を採ると、人々の行動が萎縮し、社会が停滞してしまうという社会的及び経済的理由があったとされています。しかし、場合によっては、過失の有無を問わず、責任を認めたほうがよいこともあります。そのため、特別法があるほか、民法でも例外が定められています（民法717条1項ただし書など）。

Q　所有権絶対の原則と過失責任主義とは、違うものなのですか。他人の物を盗むと、その物は返さなければなりませんし、同時に責任も発生するように思うのですが。

A　この2つの基本原理は、全く違うものです。事例を用いて説明しましょう。

　まずAが物干しにかけていた洗濯物が風にあおられ、隣人Bの庭にある池に落ちて汚れてしまった、とします。この場合、AはBに所有権に基づき洗濯物の返還を求めることができますが（所有権絶対の原則）、Bに落ち度、つまり、過失はありませんから（庭に池を作ることは落ち度とはいえません）、AはBに汚れた洗濯物の洗濯代を請求することはできません。

　これに対して、Aの洗濯物をBが盗もうとして、はしごをかけて洗濯物を手にしたところ、風にあおられ、洗濯物もろとも池に落ち、洗濯物を汚してしまった場合、AはBに洗濯物の返還を請求できますし（所有権絶対の原則）、Bの行為は非難されるべき行為ですから、洗濯代も請求できます（過失責任主義）。もちろん、窃盗罪も成立するでしょうから、Bは刑法によって処罰もされるでしょう。

▶附録2

民法の判例とは
——判例の位置づけを正確に把握する

はじめに

　法科大学院では、最高裁判決の要旨だけでなく、1審2審の判決や当事者の主張の仕方についてもあたるように指示されることがある。もっとも、これは法科大学院に限られたものでなく、およそ判例を理解しようとするさい、それがいかなる前提のもとで下されたものであるかという問題を抜きにして考えることはできない。特に実務法曹の場合、自らの主張を根拠づけるさい、判例を駆使するわけだが、判例を使いこなすには、その判例の趣旨と限界（＝射程）を見極めておく必要がある。「判例を度外視して現行法の何たるかを知ることは今や全く不可能になった」との指摘は、既に90年も前にされたものだが（法学協会雑誌39巻9号1598頁）、今日では当時と比較にならないほどの質及び量を誇る判例が展開されており、この指摘は当時以上に妥当性を有している。

　しかし他方で、特に未修者にとっては、いきなり「判例にあたれ」といわれても、それをどのように読み込めばよいか分からないし、膨大な判例の一つひとつについて丁寧に、特に当該判決のみならず、判例評釈にも丹念にあたることは——それが理想であるにしても——時間との関係から、物理的に不可能である。そこで、以下では「無権代理と相続」という著名な問題を素材に、他人物売買との比較も織り交ぜつつ、どのような手順で学習を進めればよいかを例証したい。この問題をめぐっては、巨大な判例法理が確立されており、判例をどのように学び、理解すればよいのかを示す恰好の素材と考えられるからである。

1 条文の構造からスタートする
——無権代理と他人物売買との比較

　「判例を読む」といっても、その問題に関連する条文がどうなっているかが分からなければ、読みようがない。さらに無権代理と他人物売買は社会実態として類似している面があると指摘されることがあるが（それ自体としては正当な指摘）、しかし、それは両制度の違いをしっかりと押さえたうえで、次のステップでされるべき議論であり、未修者としては、まず両制度の違いとその淵源を明確に理解することに力を注がねばならない。

　まず他人物売買の場合、すなわち、売主が自分の所有物でない物を買主に売却した場合、物の所有権は買主に移転しないのが原則である。したがって、この点をとらえて「他人物売買はそもそも無効な契約である」と考えることも論理的には可能であるし、立法政策としても十分ありうる。しかし、契約が無効となると、売主は契約上いかなる義務も負担しないこととなるが、売主は自身を契約当事者として目的物を売却したのだから、それを実現する義務を負わせるべしとの考え方もありうる。日本の民法典はこの後者の立場を採り、売主には真の所有者から目的物を取得し、それを買主に移転する義務を課すことにした（560条）。唯一絶対の考え方ではないにせよ、売主である以上、ごく自然な義務ともいえる。

　これに対し、代理人でもないのに代理人と称して、本人の所有物を売却した場合、もちろん、その行為自体は社会的に見て責められるべきものだが、どのような法的責任を負わせるべきかは一考を要する問題である。なぜなら、相手方に対して無権代理人は「代理人である」と説明しているのであり、代理人だと名乗ることは「自分はこの契約の当事者ではない」、つまり、「自分はこの契約に関する義務や責任は負わない」と宣言するに等しく、しかも、相手方はこの点を前提としつつ、契約を締結しているからである。もちろん、代理人でもないのに代理人だと称したことにより、相手方が損害を受けたなら、通常、不法行為（709条）が成立しよう。しかし、これは結ばれた契約に基づく責任ではなく、またその法的効果は損害賠償（＝金銭による賠償）である（722条1項、417条）。ところが、代理制度の安定を図るためには、相手方により進んだ保護を

与える必要があり、そのような観点から特に無権代理人に対しては——損害賠償責任のみならず、もし相手方が望むなら——契約を履行する責任まで負わせるとの方針を民法典は採ることとした（117条1項）。無権代理人は「代理人である」と、つまり、「自分は契約上の責任を負うつもりはない」と明言し、しかも、相手方もそれを前提に行動しているにもかかわらず、法律は無権代理人に履行責任まで負わせているわけだから、これはごくノーマルな責任とはいえず、法が特別に定めた責任、つまり、法定責任と位置づけられる。

　以上はごくありふれた話で、「そんなことはもう分かっている」と思われる読者もいるであろう。しかし、「代理人だと名乗ることは、自分はこの契約について義務や責任を負わないと宣言することと同義である」との点が本当に身にしみて分かっているかどうかは、未修者のみならず、既修者でさえ、かなりあやしい。なるほど「117条1項はどのような責任か」と尋ねると、異口同音に「代理制度の安定化のため、法が特別に認めた法定責任です」といった答えが返ってくる。しかし、「実際に契約を締結したのは代理人自身なのだから、それが無権代理であった場合、法律の規定を待たずとも、履行責任まで負わせて当然ではないか。にもかかわらず、なぜ、わざわざ法律は規定を用意したのか」と尋ねた場合、上記のような観点から的確に答えられる学生は意外に少ない。これは「代理制度の安定」とか「法定責任」といった用語は知っていても、理解が「無権代理→悪い行為→責任を負って当然」といったレベルにとどまっていることの証左であろう。

　さて、560条が売主としてのごく自然な義務を定めたものであるとすると、買主の善意悪意はこの義務の存否とはあまり関係がないこととなる。売主が真の所有者でないことをたとえ買主が知っていた（＝悪意）としても、買主は売主が真の所有者にかけあって目的物を取得し、自分（＝買主）に渡してくれるであろうと考えたからこそ、売主と契約したのであろうし、このように売主の尽力に期待する契約にも応分の効力を認めてよいからである。他方、117条1項の場合、代理人は契約上の義務や責任は負わないと宣言したも同然で、相手方もその点を納得ずくで契約したはずなのに、代理制度安定の観点から、あえて無権代理人に履行責任まで課すのであるから、そのような保護に値する者として相手方には善意無過失が要求される構造となっているのである（117条2

項。もっとも、ここでも、たとえば相手方が無権代理と知りつつ、なぜ、代理人と契約を締結したのかという問題を考えておく必要はある。この点は後述する）。

　　＊　他人物売買や無権代理の構造を理解するさい、他にも確認すべき事項はある。他人物売買の売主が真の所有者から目的物を得るべき十分な努力をしなかった場合、契約上の責任を問われるのは当然だが、十分な努力をしても、結果的に目的物を獲得できなかった場合、やはり責任を負うべきであるとの担保責任の発想、あるいは、117条2項にいう過失とは文字通り「過失」であって、「重過失」ではなく、それは無権代理人の責任が無過失責任であることとの均衡に由来するとの考え方などである。しかし、これらの事項は以下で検討する相続の問題とは直接関連しないので、割愛する。

2　単純な例で考えてみる
──「基本線」を確認するための思考実験

　他人物売買および無権代理の基本構造を押さえた後、今度はここに相続の問題を重ね合わせていく。ただし、学習の初段階で、限定承認や相続放棄、あるいは共同相続などといった複雑な事項まで考えに入れるのは効率的でないばかりか、かえって理解を困難にする。単純承認で、かつ、相続人が1名のみという最も簡明な単独相続の場合を想定し、相続人は被相続人の権利義務関係をすべて引き継ぐとの原則に則り、確認作業をはじめるのがよい。

[1]　**他人物売買の場合**：Aを真の所有者、Bを売主、Cを買主、とする。
　Bは、Aから所有権を取得し、それをCに移転する義務を負う。ここで、もしAが死亡し、Aの全財産をBが相続すると、Bは売買目的物の所有権も得ているはずだから、Bはこの義務を実際に履行できるようになる。逆に、Bが死亡し、AがBの権利関係のすべてを相続した場合、AはBの売主としての地位も引き継ぐから、AはCに目的物の所有権を移転する義務を負うことになる。
　以上が確認されるべき「基本線」であり、Bに課される義務につき、Cの善意悪意は関係ないから、法律関係は非常にすっきりした形になる。

民法の判例とは

[2] 無権代理の場合：甲を本人、乙を無権代理人、丙を相手方、とする。

丙が善意無過失の場合、丙は乙に対して117条1項の責任を追及できる。他方、悪意ないし有過失の場合は、せいぜい709条責任を追及できるだけである。ここで、もし甲が死亡し、乙が甲の全財産を相続したとすると、この乙丙間の法律関係に変化はないものの、乙が甲の財産を相続した結果、丙が善意無過失である場合の、乙に対する履行責任の追及に実効性が出てくる。逆に、乙が死亡し、甲が乙の法律関係をすべて相続した場合、丙に対する乙の責任も甲が引き継ぐ結果、丙が善意無過失であれば、甲に対して契約の履行まで求められることとなる。

以上が「基本線」だが、117条2項により、丙が乙に同条1項の責任を追及するには、善意無過失が要求される結果、丙の主観的態様による仕分けが必要となり、他人物売買の場合に比べ、法律関係はやや複雑になる。

3 「基本線」と判例を照合してみる
―― 判例はどこをどのように変化させたのか

いよいよ判例に移ろう。とはいっても、いきなり個々の判例の事実関係や1審2審の判決に入るのは、少なくとも初学者の場合、十分な理解に到達するための適切な方法とはいいがたい。個々の判例がいっていることをその言葉尻だけでなく、本当の意味で「理解」するには、周りの状況、つまり、当該問題をめぐる判例理論の全体像について一定の見通しを持ったうえで、個々の判例にあたらねばならないからである。日本の判例であるから、もちろん日本語で書かれているし、しかも、その内容は決して支離滅裂なものではない。それなるがゆえ、判例理論に対する概括的理解なくして、個々の判例を読んでみると、どれもが説得的で当然のことをいっているように感じられてしまう。しかし、判例理論の全体像を踏まえたうえで個々の判例にあたってみると、たとえばある判例で一定の理屈が展開されているとして、そうであるなら、その理屈は他の判例でも妥当しておかしくないのに、なぜ、そこではそのような理屈が展開されていないのか、という問題関心が喚起されるであろう。もちろん、そのように異なった取扱いをすることに十分な理由がある場合とない場合とがあるの

だが、このような深い理解につながる問題関心自体、判例全体に対する概括的理解なくして生まれるものではない。教科書等を利用して、まずは全体に対するマトリックスを頭に描けるようにするのである。

　まず他人物売買に関する解決方法は既に述べたとおりだが、判例は、真の所有者Aが売主Bの地位を相続した場合については、「相続前と同様その権利の移転につき諾否の自由を保有し、信義則に反すると認められるような特別の事情のないかぎり、右売買契約上の売主としての履行義務を拒否することができる」としている（①最大判昭和49・9・4民集28巻6号1169頁）。判例は基本線に若干の修正を加えているのである。

　他方、無権代理に関する判例理論はやや複雑である。まず本人が死亡して、無権代理人が本人を相続した場合（上記の例でいうと、甲が死亡して、乙が甲の地位を引き継いだ場合）、資格が同一人に帰したのであるから、本人が契約をしたのと同じ状態が生じるという（『資格融合説』と呼ばれる。リーディングケースは②大判昭和2・3・22日民集6巻3号106頁、その後、最高裁判決として、③最判昭和40・6・18民集19巻4号986頁）。したがって、丙は乙に契約の履行を求めることができるが、その根拠は117条1項ではなく、本人が契約したのと同じ状態が生じること、いうなれば、乙の無権代理行為をあたかも甲が追認したかのような状況に基づくものであり、したがって、丙の善意無過失は要求されず、悪意ないし有過失の丙も履行を求めることができるようになる（もっとも、これらは本人甲が無権代理行為につき、追認も追認拒絶もしないまま死亡した事案に関する判例で、甲が追認拒絶をしてから死亡した場合、④最判平成10年7月17日民集52巻5号1296頁は、追認拒絶により甲に効果が及ばぬことが確定した以上、相続により無権代理行為が有効になることはないとしている）。これに対し、無権代理人が死んで、本人が無権代理人の地位を相続した場合（＝乙が死亡して、甲が乙の地位を引き継いだ場合）、相続によって無権代理行為が当然に有効になることはなく、本人は本人の資格において無権代理行為につき、追認を拒絶することができ（⑤最判昭和37・4・20民集16巻4号955頁）、ただし、本人は無権代理人の地位を相続したのだから、無権代理人が負う117条1項の責任を免れることはできず（⑥最判昭和48・7・3民集27巻7号751頁）、その結果、相手方が善意無過失であれば、履行責任を負うことになる。つまり、相続後も本人のなかに本人としての地位と

（相続した）無権代理人としての地位が併存しており（『資格併存説』と呼ばれる）、本人の地位に基づき追認拒絶をすることはできるが、無権代理人としての責任も同時に負うわけである。

　以上の概観からは、[1]無権代理人が本人を相続した場合と本人が無権代理人を相続した場合とで、なぜ、法的構成が異なるのか、[2]無権代理人が本人を相続した場合、悪意ないし有過失の相手方も結果的に無権代理人に対して履行を求めることができるようになるが、それでよいのか、[3]本人が無権代理人を相続し、かつ、追認拒絶をした場合、本人は無権代理人が負う117条1項の履行責任まで引き継ぐことになるが、ここで履行責任まで認めることは、他人物売買の売主の地位を相続した真の所有者が履行義務を拒否できることと平仄が合っていないのではないか、との疑問が生ずるであろう。

4　判例の事案を読み解く
──その判断はいかなる事案に対して下されたのか

　3では、各々の判例を下された年代や当事者の主張の仕方には立ち入らず、判決の一般論に着目して紹介した。しかし、各判例の真の意味での相互関係（＝判例理論）を把握するには、これらの点にまで配慮した分析、つまり、判例に直接あたる必要がある。

[1]　無権代理人が本人を相続した場合と本人が無権代理人を相続した場合
　資格が同一人に帰属したことを理由に、本人が契約を行ったのと同じことになるとする②③の理屈は、理論的には⑤にも妥当する。なぜなら、⑤の場合も資格は同一人に帰属しているし、また現に⑤の原審はそのような判断を下しているからである（⑤はこの原判決を破棄したもの）。ところで、117条1項によれば、確かに無権代理人乙は履行責任まで負うが、相手方丙は損害賠償責任の追及も選択できる。そして、丙が損害賠償を選択したいと思っていたのに、乙が本人甲を相続したという一事を以て、この選択が封じられるのは奇妙である。もちろん、甲の地位を相続した乙が甲の立場に立って無権代理行為を追認したなら、通常の追認があったのと同じに考えてよいが、追認がされていない場

合、乙も丙も望んでいない法的状況が生まれてしまう。そこで、②③の事実関係を見るなら、②では無権代理行為に基づき実際に登記がされてしまった事案において、登記を得た相手方がその登記が有効であると主張し、③でも相手方は相続により無権代理行為が有効になることを前提とする主張を展開していることが分かる。要するに、資格融合説はいわば履行責任が追及された事案で展開されていたにすぎず、資格併存説を採りつつ、無権代理人による追認拒絶を信義則に反するとする考え方と結論において差はないこととなる。本人の相続人として無権代理人以外にも相続人がいた共同相続の場合、判例が資格融合説を採らず、資格併存説を前提としつつ、信義則による問題解決を図っていることからしても（⑦最判平成5年1月21日民集47巻1号265頁）、「資格併存説＋信義則による判断」がベースなのであろう。

以上、実際の裁判例にあたることで、資格融合説の射程が見えてくるし、学説上、無権代理人相続型でも「資格併存説＋信義則による判断」が多数である理由も理解できよう。

[2] 無権代理人相続型における、悪意ないし有過失の相手方の処遇

資格融合説であれ、資格併存説を採りつつ無権代理人による追認拒絶を認めない見解（信義則説）であれ、原理的には、善意無過失のみならず、悪意ないし有過失の相手方も無権代理人に履行を求められることになる。この考え方では、この場合、本人を相続した無権代理人が負うのは117条1項の責任ではないから、これでも矛盾はないが、もし本人が存命ならば、相手方は善意無過失の場合に限り履行責任を追及できるにすぎないのと比較し、均衡が取れていないようにも見える。ここに無権代理人による追認拒絶を認める完全併存説（もちろん、無権代理人は117条1項の責任は負う）の淵源がある。また②③では、相手方の善意悪意や過失の有無は認定されておらず、判例理論の理解自体にも解釈の余地がある。

このように拮抗する学説が存在する場合、まずすべきはそのいずれを採るかではなく、両者の相互関係（結論の相違とそれを導く背景、各説の利点と難点）を正しく把握することである。実務家であれば実際に選択を迫られるが、学生に投げかけられるのは「勉強していますか？」という問いかけにすぎず、後はた

とえば試験において自分の理解の正確さを示すためのプレゼンの仕方が残るだけである。いずれの説を採ることも可能で、採った説の内容、利点、難点に対する対処法、他方の説を採らなかった理由（＝その説の難点）等を正確に表現できていればよく、その理由づけも標準的なもの（＝採点者を説得するに足るものでなく、採点者に勉強の跡を感じさせるもの）であればよい。もちろん、──これは従来指摘されてこなかった点だが──他人物売買における売主の義務を参照しつつ、代理人と名乗った以上、無権代理人には本人から追認を得るべき義務が課されてよく、また悪意の相手方が無権代理人と契約を締結したのは本人の追認を得てくれると期待したからであろうから、悪意の相手方も保護に値しないとは言い切れない、といったようなより深化した理解に到達するのも悪くはないが、そこまで要求されているわけではない。

[3] 本人相続型における、本人が相続する無権代理人の責任の範囲

　無権代理人が死亡し、本人がその地位を相続しても、本人は自身の立場に基づき追認を拒絶することができ、かつ、それは信義に反するものではない（⑤）。しかし、無権代理人が負う117条1項の責任も本人に相続されるから、相手方が善意無過失なら、結局、本人は履行責任を免れない（⑥）。これは相続法に照らし当然の帰結だが、同様の状況につき、①は相続により本人が諾否の自由を結果的に失うのは適切でないとの発想から、真の所有者は履行義務を免れうるとしている。そこで、①と⑥を比較してみると、①は⑥の後に下された大法廷判決であるばかりか、①では不動産の所有権が問題となっているのに対し、⑥では履行責任といっても、履行の対象は保証債務、つまり、金銭債務にすぎない。したがって、⑥の判旨は一般論として妥当であり、事案の具体的な解決も適切であったが、履行責任の対象が特定物に関する債務である場合、①との均衡から履行責任だけは免れうると考えるべきであるとするのが学説上有力である（もちろん、損害賠償責任は免れない）。

　このように、ある判例の意義は後の判例によって修正されたと解される場合もある。もちろん、他人物売買の買主におけるのと異なり、無権代理の相手方が履行責任を追及できるのは──要保護性の高い──善意無過失の場合に限られることから、この場合、やはり相手方は履行責任まで追及できると解するこ

とも可能で、この理解が①に反するとは断定しえない。しかし、いずれにせよ、①⑥は比較対照しながら理解されるべき判例である。

　他方、⑥が相続法の大原則を確認したものなら、むしろ①が適切であったかが疑わしいとの考え方もありうる。相続を単純承認したなら、履行義務まで負うのが本則で、それが嫌なら相続放棄ないし限定承認すればよかったのである。しかし、態度決定に30年もの期間猶予が与えられたり（フランス民法789条）、6週間経過すれば承認したことになるが、そこでいう承認がむしろ限定承認に近いものなら（ドイツ民法1943条、1967条以下、特に1975条以下）、結局、単純承認に当たる行為を積極的ないし能動的に行った場合のみ、被相続人の債務が全面的に継承されるわけで、「単純承認した以上、やむを得ない」との評価も可能だが、3か月経てば自動的に単純承認したことにされてしまう場合（日本民法921条2号）、その単純承認にいかほどの効果を盛り込むべきかは一考を要する問題で、①はこのような観点からも興味深いし、「信義に反すると認められるような特別な事情」を具体化する際にもこの観点は参考となろう（真の所有者が他人物売買の存在を知りつつ、積極的に単純承認した場合〔追完が認定できることもあろう〕、あるいは、その存在に気づくべきなのに、知らぬまま漫然と単純承認した場合など。なお、①では、少なくとも積極的に単純承認したとの事実は認定されていない）。しかし、学説においてすら検討されていないこの議論は「標準的知識」とはいいがたく、ここまでの学習は要求されない。

5　理解をさらに展開する
——より複雑な事案に挑戦する

　これまでは単独相続という単純な事例を想定して理解を確認してきた（ただし、①④⑥⑦は実際には共同相続の事案）。最初から複雑な事案を考えると、混乱するばかりで、基本的理解さえ疎かになる。まずは単純な例で基本を押さえ、それを複雑な例へと展開する。このステップに従うと、複雑な例を検討するさい、まず単純な例の確認から入るから、基本を復習していることになり、基礎的理解が定着する。たとえば無権代理人が本人を相続したが、本人の相続人として無権代理人以外の人物もいたという共同相続型の場合、判例は「資格併存

説＋信義則による判断」という構成を採っているが（⑦のほか、⑧最判平成5・1・21判タ815号121頁）、これは無権代理人（単独）相続型と本人（単独）相続型の復習の素材となる。またある者がまず無権代理人を相続し、次に本人を相続したという双方相続型（⑨最判昭和63・3・1判時1312号92頁。④も同様）の学習は、まず本人を相続し、その後、無権代理人を相続したという逆のタイプの双方相続型とワンセットでされようから、やはり基本事例の繰り返しである。さらに単純だが、応用的な事例として、無権代理人が目的物を本人から譲り受けるタイプもある（⑩最判昭和41・4・26民集20巻4号826頁）。117条1項の責任が成立するのは当然だが、悪意ないし有過失の相手方の処遇が問題で、代理人を「契約当事者にならないと宣言した者」ととらえる基本的立場からは、117条1項が成立しない以上、無権代理人は履行責任を負わないが、前述のとおり、悪意の相手方も保護に値しないとは言い切れず、信義則を用いた問題解決も理論的には考えられるし、それが可能なら、同様の理屈は④に応用できるかもしれない。しかし、この発展的議論は、何よりも117条1項の基本構造を再認識させる意味で重要である。

むすびに

　1年で処理できる情報量には限りがある。情報にアクセスし、それをこなすには時間がかかる。未修者が1年間で法律学の基礎を身につけるには、学習の手順がポイントとなる。まず基本書をひもとき、条文にあたって、制度趣旨をしっかり理解する（上記①）。次に単純な具体例を想定し、それに制度を当てはめてみる（上記②）。そして、判例で本当にそうなっているかを確認する（上記③）。ここでもし疑問が湧いたら、判例理論の全体像を頭におきつつ、実際の判例にあたってみる（上記④）。このようにして基礎を固めてから、応用編へと進んでいく（上記⑤）。これが最も基本的な手順であろう。

　もちろん、②と③は渾然一体となって進むことがあるし、教科書で判例理論の全体像を確認しようとすると（→④）、そこでは既に応用的事例に関する判例が紹介されている（→⑤）。それを無視せよと言っているのではない。それに飛びつく前に、まず基本的事例に対する理解を固めよと言っているだけであ

る。理解が定着したか否かを測るには、レポートなり答案なりを——文献を参照することなく——独力で実際に作成してみるとよい。知識が本当に身についていれば、正しい内容を正確に表現できるだろうし、教科書を読んで知っているといった程度では、思いの外、書けないはずである。実際に文書を作成することは表現力を磨くだけでなく、自分の理解の到達度を認識するためにも有用である。

　では、どの段階でどこまで要求されるのか。この問題に則して具体的に考えてみよう。

　「無権代理と相続」は民法総則で取り上げられるから、入学後、数か月で出会うこととなる。その時点で要求されるのは、まずは基礎固めである（上記①、②、③）。④まで進めるなら望ましいが、時間的に困難であろうし、⑤については「教科書を読んで、そのような問題や判例の存在を知っている」といったあたりがせいぜいであろう。また夏休みなどに時間を取って、基礎的理解に関する確認作業を行い、身についていない部分を洗い出し、しっかり復習しておくのがよい。⑤について——応用的知識が実際に身についているかどうかの確認作業も含め——本格的に勉強するのは、相続法の基礎について一通り学習した後の２年生になってからでも遅くなく、個別の判例に丁寧にあたる④の作業も民事訴訟法に関する理解が前提となるから、実際に１年目（特に本問を取り上げる時期）にこなすのは難しい。１年目から進んだ勉強をするのは大いに望ましいが、**進んだ勉強をしているつもりが、実は基本的理解ができていない**ということもよくあり、この点は注意が必要である。

民法の判例とは　173

▶附録3

私的自治の原則

1 私的自治の原則とは、何か

[1] **私的自治の原則の意味**

　私的自治の原則とは、簡単にいうと、自分自身の法律関係は自分の意思に基づいて自由に形成できるというものである。たとえば契約の場合、契約を締結するかしないか、締結するとして誰を相手に選ぶか、また具体的な契約内容をどのようなものにするかは、すべて原則として当事者の意思に委ねられ、契約当事者が欲したとおりの法律効果が発生する。しかし、このような原則が妥当しない法領域も存在する。たとえばある人が他人を殴った場合、加害者は被害者に不法行為に基づく損害賠償責任を負う（709条）。この責任は加害者がそのような責任を負いたいと思ったから課されるのではなく、法が加害者の意思に関わりなく強制的に負わせており、契約の場合とは異なる。

[2] **私的自治の原則が妥当する領域**

　人が自由な自己決定により、自分の思ったとおりの法律効果を発生させることのできる場合としては、次の3つの例がある。第1は、先に述べた契約法の領域である（「契約自由の原則」）。第2は、「遺言自由の原則」で、人は自分が死んだ場合に自分の財産を誰にどのように分配するかを自由に決めておくことができる。第3の「団体（社団）設立自由の原則」では、人は会社などの団体を自由に設立することができる。ただ、同じ「自由」といっても、各々の領域には特徴があるので、以下では別々に説明する。

[3] **意思自治の原則との関係**

　ところで、私的自治の原則（Privatautonomie）と類似した法原則として、意

思自治の原則（autonomie de la volonte）という原則もある。前者はドイツで、後者は主にフランスで用いられる概念だが、両者の関係は民法学上の難問である。特にドイツでは「私的自治」に対する理解が論者によってニュアンスを異にしているようであり、2つの原則がどのように対応し、また食い違っているのかを確定するのは困難である。そのためか、両者を区別しない教科書も散見されるが、両原則の内容から考え、とりあえず次のように理解しておくのが便宜である。

「私的自治」とは、自分の法律関係は本来自分で自由に形成できる、否、そうあるべきであると主張するもので、その妥当領域は契約法に限らず、遺言の自由もその内容とされる。これに対し、「意思自治」は専ら契約法を想定した原則で、「人は、何故、自らが結んだ契約に拘束されるのか」という問いに対し、「それは彼が契約を結ぶことで、自ら契約に拘束されることを望んだからである」と答えようとするものであって、そこでは遺言は説明されるべき対象とされていない。もちろん、「私的自治」の下でも、当事者が一旦締結した契約に拘束されること（つまり、契約を勝手にやめられないこと）は認められており、その根拠は自らが自由かつ自律的に契約を締結した点に求められるのだが、「自由に決められる」点に力点があるのか（私的自治）、「（自由に決めたことゆえ）拘束される」点にもウェイトが置かれているのか（意思自治）、というところには若干の相違があろう。

2　契約自由の原則の内容と限界

[1] 自己決定たりうる基盤と拘束力

　私的自治の原則は、自由で自律的な自己決定があれば、その決定内容に従った法律効果の発生を認める法原理だが、そのような決定がされたと評価するには、①決定をするに足る判断能力と、②その判断が真意から出ており、かつ、意思形成の段階で他者から不当な干渉を受けていないことが最低限要求される。そこで、民法典は①判断能力の十分でない制限行為能力者の行為は取り消しうるものとし（3条以下）、②判断過程等に問題があるときには、状況に応じて意思表示を無効ないし取り消しうるものとした（93-96条）。この自己決定の

基盤を確保するための規定は強行規定（当事者が勝手に変更できない規定）とされ、この点は「契約の自由」以外の他の「自由」の領域でも基本的には妥当する（ただ、遺言の年齢制限には特別な規定〔961-963条〕がある）。

　右のように自己決定の基盤確保については、明確な条文が用意され、理解しやすいが、より重要であるのに、明文の規定が置かれていないため忘れやすいのは、「判断能力ある者が不当な干渉を受けることなく真の自己決定をした場合、その者は自分のした自己決定に拘束される」という原則である（「契約の拘束力」）。売買契約を締結した売主は買主に物を渡さねばならず、買主は代金を支払わねばならない。売主が約束を守らない場合、買主は裁判所という国家権力の手を借り、売主からその物を取り上げることもできる。民法典は「契約を勝手にやめられないこと」を当然と考えたためか、この点は明定せず、自由に契約をやめられる例外的な場合についてのみ規定を設け（550条本文）、またそれ自体は契約といえない一方的な行為が撤回できない場合について規定を設けている（540条2項等。この契約法上の原則が遺言に妥当しない点は後述）。

[2] 契約自由の原則の具体的内容

　契約自由の原則は、①契約を締結するか否かの自由（「締結の自由」）、②好きな相手を選べる自由（「相手方選択の自由」）、③契約内容を思ったとおりに定められる自由（「内容の自由」）、④締結の仕方を好みに合わせて選択できる自由（「方式の自由」）を内容として含んでいる。しかし、これも「契約の拘束力」と同様、当然の前提とされたためか、民法典では明定されず、むしろこれらを制限する場合に規定が設けられている。

　まず①②は一括して広く「締結の自由」と称されることもあるが、これを制限する民法上の規定はないものの、電気やガスや運輸等、公益性の高い事業の場合、事業者に契約の締結を強制する特別法が存在する（「締約強制」。趣旨は異なるが、契約交渉を不当に破棄した者に責任を課す裁判例も登場しつつある）。次に③も控えめな形で、つまり、民法90-91条がそれを当然の前提として規定されているという形で定められている。契約内容は当事者が自由に決定でき（当然の前提）、当事者の意向は任意規定という法律の規定をもしのぐが（91条）、公序良俗に反してはならず、反した場合は契約が無効とされる（90条）という例外

的な取扱いを受けるのである。確かに民法典は社会に存在する代表的な契約について、当事者の便宜をも考え、詳細な規定を設けているが（549-696条）、これらも若干の例外（572条、604条1項等の強行規定）を除き、任意規定である。したがって、民法典の定める13種類の契約（「典型契約」と呼ばれる）以外の契約を結んでもよいし（「非典型契約」。リース契約、フランチャイズ契約、インターネットの接続契約等、現代社会ではよく見られる）、典型契約を民法典の定める内容と異なった内容で締結してもよく（目的物と引換えに代金を支払うと決めても、代金の支払場所は当事者が自由に決めてよい。574条は任意規定である）、いずれの場合も「契約の拘束力」が認められる。

　このような契約法の任意規定性に対し、契約の目的となる権利の内容（たとえば売買契約の目的となる目的物の所有権の具体的内容）は法律が強行的に定めている（物権法の強行規定性。所有権の内容は206条が強行的に定め、当事者はその内容を改廃できない）。一見、不思議なようだが、取引を円滑に進めるためにはやむを得ない。たとえばAがBに土地を売ったが、そのさい、Aはその土地でガーデニングを続けたかったので、BがAから取得した土地の所有権にはAのガーデニングを認めるとの内容が含まれていた、としよう。ABの関係だけを考えるなら、特に支障はない。しかし、Bが土地をCに転売した場合、Bが売却できるのは自分が現に有している権利だけだから、CがBから取得できるのは「Aのガーデニングを認める」との内容を含んだ所有権だけで、となると、そうとは知らぬCがそこに家を建てた場合、Cはその家を取り壊してでもAにガーデニングをさせなければならない。これでは取引の円滑な進行は期待できない。そこで、民法はとりわけ転売等が予想されるため、世の中のすべての人が直接の利害関係者となりうる「物」（つまり、取引対象となりうる物体）については、取引秩序を保つべく、取引できる権利（「物」についての権利、つまり、「物権」）の種類及び内容を強行的に定め（物権法定主義）、さらに現在の権利状態を天下万人に知らせるシステム（公示主義）を採用した。したがって、民法典が定める8種類以外の「物権」は原則として認められず（限定列挙。175条）、認められている「物権」の内容も当事者が勝手に変更できない点で、契約法と異なっている。先の例でいうなら、一方で所有権の内容が明定され、他方で「ガーデニング権」なる物権が認められていない以上、BがAから取得したのは完全な所

私的自治の原則　177

有権で、その完全な所有権をBから得たCは自由にその土地を利用でき、家を取り壊す必要はない。しかし、Bが自分の買った土地についてAの利用を認める内容の契約は、公序良俗に反するものでないから、AB間では有効で（「契約の自由」）、土地を使えなくなったAはBに契約違反に基づく責任を追及できる（BはAにお金で賠償することとなろう）。契約内容は契約当事者間で自由に取り決められるが、物権法定主義とは、その自由な取決めの効果が契約当事者にのみ及び、契約の当事者となっていない者に波及させないための法技術ともいえる。ただ、現代社会では民法が用意する「物権」の種類だけでは取引の需要を満たすことができず、特別法や判例（法）を通じて新たな「物権」が形成されつつある。これは「民法典からの逸脱」ともとらえうるが、物権法定主義の目的が取引の円滑な遂行にあることを考えると、法が社会に的確に対応するためのダイナミックな過程とも位置づけられうる。

　④の「自由」についても、民法は控えめである。民法は大多数の契約類型につき、それが合意のみによって成立しうる諾成契約であると定め（549条、555条等）、かつ、それにとどめている。つまり、民法上、契約締結のために特に書面が要求されることはなく（唯一の例外は保証契約である。446条2項）、特別法上も例外的な措置にとどまる（任意後見契約に関する法律等）。しかし、書面を作成することで契約を締結したことにする（つまり、それまでは契約を締結しない）と当事者が決めることも自由である。ただ、契約当事者の一方のみが利益を得、他方は損失のみ被る無償契約については、現に物を渡すまで契約は成立しないとすることで（593条等。契約の成立に合意だけでなく、物の授受まで要求されることから要物契約と呼ばれる）、当事者に熟考の機会を与えている点は注意すべきである（贈与は諾成契約〔549条〕だが、同じ趣旨から「契約の拘束力」に反したともいえる規定〔550条本文〕が置かれている）。

■任意後見契約

　加齢ないし病気によって、将来、自分の判断能力が不十分になってしまう事態に備え、あらかじめ人を選び、財産管理を依託する契約のこと。財産全般にかかわる重大な内容の契約のため、特に法律（「任意後見契約に関する法律」）で、契約締結には公正証書が要求されている。

[3] 契約自由の原則の限界と変容

　判断能力を持つ者の真の自己決定には、決定されたとおりの内容で法的拘束力を認めるのが「契約の自由」であり、それは当事者の合意が最優先されることを意味する（裁判所も勝手に改訂できない）。しかし、複雑化した現代社会に直面し、この原則は2つの方向から変容を迫られている。第1に、従来、自己決定のための情報収集は本人がなすべきものとされてきたが、より的確な自己決定をさせるため、相手方にも一定の情報を提供する義務があるとの考えが、裁判例や消費者契約法を中心とする特別法を通じ、浸透しつつある（「自己決定支援のための基盤整備」）。また契約締結のさい、事業者に書面交付義務を課す各種業法（宅地建物取引業法等）は、書面交付を契約の成立要件とはしておらず、「方式の自由」に反するものではないが、要物契約を含め、方式が熟慮を促す手段であると考えるなら、これも方式と並び、「自己決定支援のための基盤整備」の一環といえる。第2に、契約が最終的には裁判所という国家機関を通じて実現される社会的存在である以上、「契約の自由」は公序、つまり、社会的観点からも審査されねばならぬとの発想は、既に90条に具現化され、「締約強制」もまた契約が社会的存在であることを前提とする制度であろうが、新種で多様な非典型契約や各種の契約条項が刻々と生み出される昨今の状況下では、それらの条項や契約の合理性を審査しようとする機運も高まりつつある（「契約の合理性審査」）。その具体的審査に当たっては、最も標準的な契約内容を定めたとされる典型契約が重要な役割を担っている。つまり、ある契約条項が民法典から大きく逸脱しているなら、その合理性が強く疑われ、また非典型契約を典型契約の組み合わせと考えてみることは、問題の発見に役立つのである。

　このように変容の方向性は2つあるが、「熟慮に基づいているなら、不当な契約が結ばれるはずはない」との理解がありうることからも分かるように、両者は実際上重なり合う部分があり、また問題の契約条項について当事者間で交渉があまりされていないなら（たとえば約款の場合）、厳しい内容審査を行うが、交渉が十分であるなら、緩やかな審査でよいという相補性も認められる。

3　遺言の自由と団体設立の自由

[1]　遺言の自由とその特質

　自分の財産なら、死後、それをいかに分配するかは自分で自由に決められるはずであるというのが「遺言の自由」である。そして、これが自由な自己決定に基づくべきものである以上、判断能力と不当な干渉を受けることのない自己決定が要求される点は「契約の自由」と同様で（ただ、損得勘定を要する取引行為ではないので、判断能力に関する年齢制限は緩められている。961条）、遺言しない自由もあり、財産を与える相手方を自由に選択できる点でも、「契約の自由」と同様である。しかし、合意を前提とする契約と異なり、一方的に、かつ、無償で財産を与える行為なので、相手方の財産取得への期待を保護する必要性は薄く、また死後の権利関係を定める行為であるから、死に最も近い最終意思を尊重する意味で、自由に撤回できるとされ（1022条、1026条）、「契約の拘束力」と逆の結論となっている。また遺言の効力発生時期は遺言者の死亡時であり、その時点では本人の意思を確認しようがないので、意思確認の明確さを期する意味で厳格な方式が要求され（967条以下）、「方式の自由」は妥当しない。また遺産は遺族の生活の糧となるものであるから、一定の親族には遺産の一部を残すべきこととされ（「遺留分」。1028条以下）、これに反する遺言は反する限度で効力が否定される。なお、財産を残された側には放棄の自由が認められ（986条等）、残された側の自己決定にも配慮した仕組みとなっている。

[2]　団体（社団）設立の自由とその特質

　複数の者が共同事業を営む契約は、民法も典型契約として認めている（組合契約。667条以下）。しかし、事業遂行のための財産や事業から得た利益等は事業者たちの共同所有とされるため（668条）、事業者の一人に金を貸している者が共同所有物たる事業財産に手を出さないとは限らず、となると、事業に支障をきたす。組合契約上もこれに配慮した規定はあるが（676-677条）、事業財産が事業者たちの共有でなく、別の「人」の財産と構成できるなら、この危惧はなくなる。法はこの需要に満たすべく、共同事業そのものを事業財産の「所有者」とみなした（法が「人」とみなしたことから、「法人」と呼ばれる。33条以下）。

こうすれば、共同事業と関わりを持つ人は事業の状態にのみ注意を払えば十分で、事業者たちの財産状況を調べる必要がなく、効率化も図られる。そして、このような団体設立行為も設立者間の合意に基づく、一種の契約にほかならないから、判断能力と不当な干渉なき自己決定が要求され、また設立しない自由、仲間を選ぶ自由が認められる。ただ、団体と取引する者から見れば、財産の管理方法等の組織内容が分からねば、安心して取引できないので、そのような団体構成員以外の者の利益を守るため、物権法と同様、組織の種類及び内容を限定的かつ強行的に定め（物権法定主義に対応する法人法定主義）、組織内容を記した書面を作成させ（「定款」）、それを公示（登記）させることにした。内容決定と方式の自由は制限されているのである。

　なお、団体の社会的意義は、団体の目的はもとより、時代によっても異なるから、いかなる団体をどの程度の審査基準で「法人」と認めるかは時々の立法政策によるところが大きいが、全体的傾向としては、基準は漸次緩められており、現に会社等の営利法人には特別な許可や認可は要求されず、社会的需要に配慮してNPOといった新種団体も認められ、物権法と同様、選択の幅が広がった。また「利害関係者のことを考えても、団体法は本当にどこまで強行規定であらねばならぬのか」との問題提起もされ、物権法定主義の将来を占う意味でも貴重な視角といえる。

■ NPO

　非営利団体（Nonprofit Organization）の略。ボランティア活動等、営利を目的としない団体には、従前も公益法人として「法人」の扱いを受ける可能性があったが、その要件は厳しかった。そこで、そのような社会的に有用な活動を促進すべく、「特定非営利活動促進法」が制定され、簡易な手続で「法人」の扱いを受ける機会が与えられた。

　また、本稿発表後、一般社団法人及び一般財団法人に関する法律が公布施行されている。

初出一覧

(「法学セミナー」を「法セミ」と略して表記する)

第1講	法セミ676号99〜103頁	詐欺と相続——「無権代理と相続」と比較して
第2講	法セミ677号98〜102頁	表見代理と詐欺——静的安全と動的安全
第3講	法セミ678号102〜106頁	意思表示と物権変動——動産の物権変動と即時取得
第4講	法セミ679号92〜96頁	不動産の物権変動と賃貸人の地位の移転——契約の解除と第三者
第5講	法セミ680号116〜120頁	動産の物権変動と動産賃借権の効力——詐欺による意思表示の取消しと契約の解除
第6講	法セミ681号108〜112頁	不動産の物権変動と不動産賃借権の効力——二重譲渡と賃貸人の地位の移転
第7講	法セミ682号112〜116頁	不動産の物権変動と付合——請負契約における所有権帰属
第8講	法セミ683号92〜96頁	弁済による代位と第三取得者——不動産登記における「公示」の意味
第9講	法セミ684号97〜101頁	心裡留保と代理——使用利益と費用分担の帰趨を含めて(その1)
第10講	法セミ685号88〜92頁	心裡留保と代理——使用利益と費用負担の帰趨を含めて(その2)
第11講	法セミ686号92〜96頁	債権譲渡と保証人の地位——弁済者の保護と求償権の成否
第12講	法セミ687号133〜137頁	転貸借の法律関係——転貸人の地位の移転と費用償還請求権(その1)
第13講	法セミ688号89〜93頁	転貸借の法律関係——転貸人の地位の移転と費用償還請求権(その2)
第14講	法セミ690号98〜102頁	表見代理と強迫——占有者の保護
第15講	法セミ691号114〜118頁	委任の解除をめぐる法律関係——請負の解除と比較して
附録1	法セミ652号17〜19頁	(特集 ゼロから学ぼう法律学 法学入門2009)民法入門——民法の意義、構造、基本原理
附録2	法セミ617号21〜26頁	(特集 民法学修バイブル)民法の判例とは——判例の位置づけを正確に把握する
附録3	法セミ556号14〜17頁	(特集1 最初の授業で必ず役立つ 民法の大原則)私的自治の原則

池田清治（いけだ・せいじ）

1961年　北海道に生まれる
1984年　小樽商科大学卒業
1989年　北海道大学大学院法学研究科博士後期課程単位取得退学
　同年　北海道大学法学部助手
1991年　法学博士（北海道大学）
　同年　北海道大学法学部助教授
2003年　北海道大学大学院法学研究科教授（現在に至る）

著書
『契約交渉の破棄とその責任』（有斐閣、1997年）
『民法学における古典と革新（藤岡康宏先生古稀記念論文集）』（共編著、成文堂、2011年）
『事例で学ぶ民法演習』（共著、成文堂、2014年）
『基本事例で考える民法演習2』（日本評論社、2014年）

基本事例で考える民法演習

2013年3月25日　第1版第1刷発行
2015年3月30日　第1版第4刷発行

著　者──池田清治
発行者──串崎　浩
発行所──株式会社日本評論社
　　　　〒170-8474　東京都豊島区南大塚3-12-4
　　　　電話　03-3987-8621（販売）　-8592（編集）
　　　　FAX　03-3987-8590（販売）　-8596（編集）
　　　　振替　00100-3-16　http://www.nippyo.co.jp
印　刷──精文堂印刷株式会社
製　本──株式会社精光堂
装　幀──神田程史
検印省略　Ⓒ S. Ikeda 2013
ISBN978-4-535-51971-8　Printed in Japan

JCOPY 〈(社)出版者著作権管理機構　委託出版物〉
本書の無断複写は著作権法上での例外を除き禁じられています。複写される場合は、そのつど事前に、(社)出版者著作権管理機構（電話 03-3513-6969、FAX 03-3513-6979、e-mail: info@jcopy.or.jp）の許諾を得てください。
また、本書を代行業者等の第三者に依頼してスキャニング等の行為によりデジタル化することは、個人の家庭内の利用であっても、一切認められておりません。

法セミ LAW CLASS シリーズ

民法総則
中舎寛樹／著

民法総則を、①条文、②解釈、③発展問題に整理して解説する。初級者の民法入門に最適。中上級者の復習や頭の中の整理にも適切。　■本体3,700円＋税／A5判 ISBN978-4-535-51782-0

クロススタディ 物権法　事案分析をとおして学ぶ
田髙寛貴／著

多様な事実が交錯する複雑な事案も、「クロススタディ」で乗り越えられる。事案の読み解き方を身につけ、物権法の理解を深めよう。　■本体2,800円＋税／A5判 ISBN978-4-535-51618-2

契約法　セカンドステージ債権法❶
野澤正充／著

民法を一通り学んだ人が全体をもう一度総復習するときに最適。論理的でわかりやすい文章で、法律的思考力と文章力も鍛えられる。　■本体2,500円＋税／A5判 ISBN978-4-535-51659-5

債権総論　セカンドステージ債権法❷
野澤正充／著

セカンドステージ債権法シリーズ（全3巻）の第2弾。判例と通説を踏まえ債権法の体系を明らかにする現代的な解説。　■本体2,800円＋税／A5判 ISBN978-4-535-51727-1

事務管理・不当利得・不法行為　セカンドステージ債権法❸
野澤正充／著

法定債権の3分野を判例・通説を踏まえて体系的に考え、理解する教科書。全3巻シリーズの最終巻。債権法全体を統一的に学習するのに最適。　■本体2,800円＋税／A5判 ISBN978-4-535-51854-4

家族法の歩き方［第2版］
本山　敦／著

家族法を入門レベルから学べる好著の第2版。軽妙な語り口は初版同様、民法改正や家事事件手続法の制定を踏まえ、解説もさらに充実。　■本体2,600円＋税／A5判 ISBN978-4-535-51881-0

実例で理解する アクチュアル会社法
上柳敏郎／著

会社法が現実の社会のなかでどのような機能を果しているのかを事例に基づいて解説。市民・消費者の立場から活用する視座を得る。　■本体2,500円＋税／A5判 ISBN978-4-535-51816-2

日本評論社　　http://www.nippyo.co.jp/